Xem

HOMES & GARDENS

Wohnbuch

STILBERATUNG • GESTALTUNGSIDEEN • PRAXISTIPPS

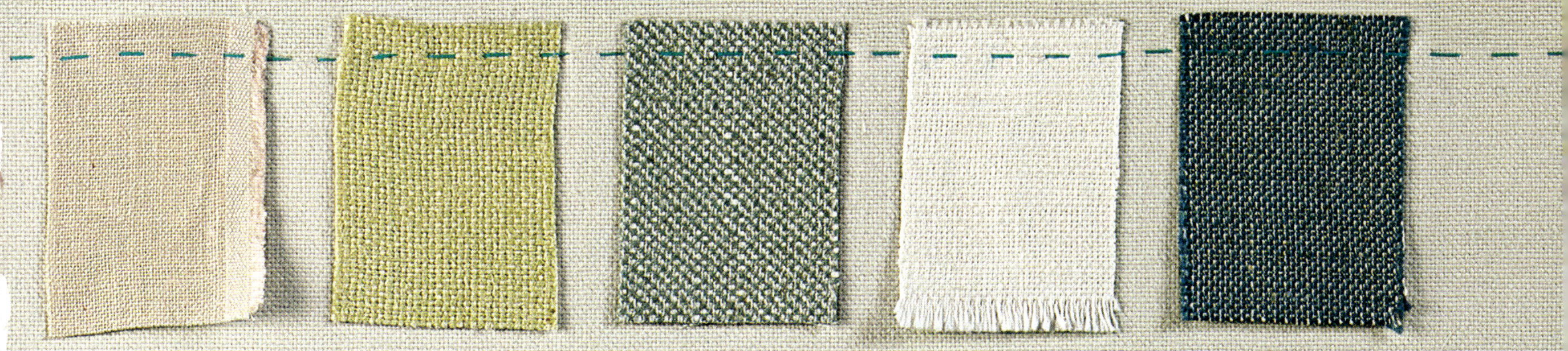

HOMES & GARDENS®

Wohnbuch

STILBERATUNG • GESTALTUNGSIDEEN • PRAXISTIPPS

Giles Kime

Übersetzung von Wiebke Krabbe

Lifestyle by BUSSE SEEWALD

Originalausgabe erschienen 2006 bei Conran Octopus,
an imprint of Octopus Publishing Group Ltd,
2–4 Heron Quays, London E14 4JP

Deutsche Ausgabe:

Übersetzung: Wiebke Krabbe, Damlos
Satz: Punkt für Punkt GmbH – Mediendesign, Düsseldorf
gedruckt und gebunden in ChIna

ISBN 3-512-03294-X
ISBN 978-3-512-03294-3

Inhalt

Einleitung

Was treibt uns eigentlich, unsere Wohnungen zu dekorieren? Seien wir ehrlich: Fast immer geht es darum, unsere Persönlichkeit zum Ausdruck zu bringen.

Ein Zuhause ist mehr als ein Gebilde aus Steinen und Mörtel. Es spielt eine wichtige Rolle für unser körperliches und seelisches Wohlbefinden, immerhin verbringen wir hier einen guten Teil des täglichen Lebens. Hier schlafen, kochen, essen, baden wir und treffen uns mit Freunden. Immer mehr Menschen arbeiten auch zu Hause. Die Anschaffung eines eigenen Hauses oder einer Wohnung zählt zu den größten Investitionen, die wir im Leben wagen. Natürlich wollen wir dieses Zuhause dann auch so gestalten, dass es uns gefällt. Andererseits hoffen wir aber auch, dass das Ambiente einem eventuellen Käufer zusagt, falls einmal ein Umzug ansteht.

WO LIEGEN DIE SCHWIERIGKEITEN?

Aus all diesen Gründen hat die Art, wie wir unser Zuhause gestalten, Einfluss auf verschiedene Aspekte unseres Lebens. Gerade wegen dieser vielschichtigen Wirkung empfinden viele Menschen die Gestaltung eines Hauses als schwierige, wenn nicht unlösbare Aufgabe. Es geht ja nicht nur darum, die eigenen Bedürfnisse und die der Mitbewohner zu befriedigen. Allein die Fülle der Möglichkeiten – ein grenzenloses Angebot an Möbeln, Stoffen, Ta-peten, Bodenbelägen und Accessoires – kann verwirren. Manchmal ist die Menge der Lösungsmöglichkeiten so unüberschaubar, dass es leichter scheint, eine anonyme Gestaltung zu wählen oder – was noch schlimmer wäre – gar nichts zu unternehmen. Vielen Menschen fehlt auch der Mut, ihre eigenen Ideen umzusetzen. Jeder kann sich über seine Vorlieben in Bezug auf Essen, Musik oder Filme äußern, doch wenn es um Stoffe, Farben oder Möbelstile geht, fehlen uns oft die Worte.

MACHEN SIE ES SICH LEICHT

Dieses Buch möchte Ihnen die Angst vor der Raumgestaltung nehmen. Es ist gar nicht nötig, alle Farben und Stoffe zu begutachten, die der Handel an-bietet. Es genügt, wenn Sie einige Stilrichtungen kennen lernen und entscheiden, welche Ihnen am besten zusagt. Dadurch reduziert sich die

GEGENÜBER In diesem historischen Haus im englischen Hampshire sorgt die Kombination aus alten Holzdielen und edlen Möbeln für optische Ausgewogenheit. Das Beispiel zeigt, dass bei richtiger Gestaltung auch alte Häuser sehr modern wirken können.

unüberschaubare Masse der Wahlmöglichkeiten und schon innerhalb weniger Tage werden Sie aus den Optionen den Stil herausgefunden haben, der Ihren Vorstellungen am besten entspricht. Es geht nicht darum, diesen Stil sklavisch zu kopieren. Betrachten Sie ihn einfach Beispiel und Anregung. Auch professionelle Innenarchitekten erschaffen nicht jeden Tag etwas Neues, sondern greifen Ideen anderer auf und interpretieren sie in individueller Weise.

GEGENÜBER Der schlichte Raum bekommt durch die Kombination aus grobem Leinen und dem weichen Langflorteppich eine freundliche, behagliche Atmosphäre. Es kann sehr dekorativ aussehen, wenn man für eine Sesselhusse verschiedene Stoffe kombiniert.

SELBSTVERTRAUEN!

Die ersten Kapitel dieses Buches bieten Gelegenheit, Farben, Muster und Strukturen zu vergleichen und Kombinationen zu entdecken, die Ihnen zusagen. Manche Ideen werden Sie auch verwerfen. So werden Ihnen Ihre Vorlieben und Abneigungen deutlicher bewusst. Nebenbei lernen Sie zu erkennen, welche Elemente sich miteinander vertragen, und welche keine guten Partner sind. Und weil Sie solche Details nebeneinander betrachten können, bleiben Ihnen unangenehme Überraschungen erspart. Außerdem lernen Sie unterschiedliche Einrichtungsstile und ihre Umsetzungsmöglichkeiten in den einzelnen Räumen der Wohnung kennen. Schritt für Schritt begleitet dieses Buch Sie durch alle Phasen einer Renovierung, von der Suche nach Anregungen über die Planung bis zur Auswahl von Materialien wie Farbe, Tapete oder Täfelung. Im letzten Kapitel finden Sie praktische Tipps zur Umsetzung – vom Streichen und Fliesen bis zum Tapezieren und Nähen von Vorhängen.

Wenn Sie dieses Buch gelesen haben, sind Sie nicht nur in praktischer Hinsicht mit allem Wissen gerüstet, das Sie für eine erfolgreiche Renovierung brauchen. Viel wichtiger ist, dass Sie auch in der Lage sein werden, Ihrem eigenen Geschmack zu vertrauen.

1

Finden Sie Ihren Stil

Die schwierigsten und langwierigsten Schritten einer Renovierung sind nicht etwa das Tapezieren, Abschleifen von Farbe oder Polstern eines Sessels, sondern die Wahl des Stils, denn er soll zu den Bewohnern, zum Gebäude und zur vorgesehenen Funktion des Raums passen.

In diesem Kapitel stellen wir verschiedene interessante Stilrichtungen vor. Die zehn Beispiele, die Sie auf den folgenden Seiten sehen, sollen Sie aber nicht festlegen. Es sind einfach Schnappschüsse von denkbaren Lösungen. Eine wirklich gelungene Raumgestaltung, in der man sich obendrein wohl fühlt, orientiert sich vor allem an persönlichen Vorlieben und Bedürfnissen. Betrachten Sie die Stilrichtungen in diesem Kapitel darum als Anregungen und interpretieren Sie sie auf ihre ganz eigene Weise.

DIESE SEITE Minimalismus steht vor allem funktionsorientierten Räumen wie Küche und Bad gut. Aus diesem strengen Bad wurde jeglicher Stauraum verbannt, sodass der Raum klar, schlicht und praktisch wirkt.
GEGENÜBER Halbhohe Einbauschränke bieten in einer Wohnung mit offenem Grundriss reichlich Platz zum Verstauen all der Dinge, die man täglich braucht.

Minimal

Wer Minimalismus mag, muss rigoros sein und das Motto „Weniger ist mehr“ konsequent umsetzen.

Minimalismus in seiner reinsten Form hat seine Wurzeln in der Architektur der buddhistischen Klöster Japans. In den 1980er-Jahren fanden die Prinzipien des Minimalismus Eingang in die Innenarchitektur und es entstand ein Stil, für den asketisch-schlichte Räume mit wenig mehr Einrichtung als blütenweißen Oberflächen typisch war. Ein Vorteil des Minimalismus ist, dass er selbst düstere Räume hell und freundlich wirken lässt. Er eignet sich vor allem für Räume, die einer speziellen Beschäftigung gewidmet sind und in denen es auf die optimale Raumausnutzung ankommt, etwa Küche oder Bad. Weil das oberste Gesetz des Minimalismus der Verzicht auf alles Überflüssige ist, eignet er sich nur für Menschen, die rigoros ordentlich sind. Dafür allerdings ist reichlich Stauraum notwendig, der bei den Renovierungskosten einkalkuliert werden muss. Bedenken Sie auch, dass minimalistische Räume laut sein können, denn sie enthalten ja kaum Polstermöbel, Stoffe und Teppiche, die Schall schlucken.

DIE ZUTATEN

* **Wände** Rohweißer Anstrich oder polierter Verputz
* **Fußboden** Holz, lackierter Beton, Linoleum, Gummi
* **Fenster** Fensterläden oder Jalousien
* **Polstermöbel** Neutrale Unifarben

DIE ZUTATEN

* **Wände** Neutrale Anstriche, Strukturtapeten oder Tapeten mit einfachen, grafischen Mustern
* **Fußboden** Strukturierte Auslegeware, Holz, Sandstein
* **Fenster** Vorhänge und Rollos in Stoffen wie Leinen, Samt und Chenille
* **Polstermöbel** Strukturierte Stoffe wie Leinen, Chenille und Samt

Wohnlich modern

Diese gelungene Allianz bringt die besten Aspekte von Neuem und Altem in Einklang.

OBEN Eine eingebaute Eckbank nutzt den Platz gut aus und schafft zusätzlichen Stauraum.
OBEN RECHTS Die strengen Linien moderner Möbel lassen sich durch dicke, strukturierte Stoffe auflockern.
GEGENÜBER Der geradlinige Tisch im Shakerstil passt gut zu den schlichten, aber modernen Stühlen.

Wer die Geradlinigkeit des Minimalismus schätzt, aber die Behaglichkeit einer traditionellen Einrichtung nicht missen will, sollte diesen Kompromiss erwägen. Eigentlich ist es eine Kombination aus reduzierten, modernen Formen mit stark strukturierten Stoffen und Bodenbelägen, die sich vor allem für Wohn- und Schlafräume anbietet. Die Formensprache der Möbel ist schnörkellos und schlicht, für die Wände werden oft ausdrucksvolle Strukturtapeten oder Effektanstriche gewählt. Weil die Möbel nicht zu zierlich sein dürfen, muss ihr Platzbedarf bedacht werden. Dieser Stil eignet sich besonders gut für offen gestaltete Wohnungen und beruht, wie der Minimalismus, auf verstecktem Stauraum. Auch die Beleuchtung ist wichtig. Ideal sind diskret in die Decke eingelassene Strahler und dazu moderne Tisch- oder Stehlampen. Bei einem so schlichten Stil ist es wichtig, auf die Qualität von Oberflächen und Verarbeitung zu achten, denn die Schönheit liegt im Detail.

Schlicht

Viele Menschen bevorzugen einen schlichten Stil, weil er ebenso attraktiv wie praktisch ist.

Leider ist dieser Stil nicht so einfach umzusetzen, wie der Name vermuten lässt. Wirkliche Schlichtheit ist oft sogar schwieriger zu erzielen als aufwändige Dekoration. Wie beim Minimalismus geht es nicht nur um perfekte Oberflächen, sondern die Liebe zum Detail, von der dieser Stil lebt. Typische Merkmale des schlichten Stils, durch die er sich vom Minimalismus unterscheidet, sind der feinfühlige Umgang mit Farbe und liebenswerte Kleinigkeiten. Oft sind es kaum wahrnehmbare Details wie die Knöpfe an Kissen oder eine Täfelung, die dafür sorgt, dass dieser Stil nicht nur nüchtern und funktionell wirkt. Die Farben sind freundlich, aber gedämpft, etwa Taubenblau oder Salbeigrün. Leinen – einfarbig, gestreift oder dezent zweifarbig geblümt – ist das ideale Material für Vorhänge und Möbelbezüge. Für den Boden empfehlen sich Dielen mit oder ohne Anstrich, aber auch Naturbeläge wie Kokos, Seegras oder Sisal.

DIE ZUTATEN

* **Wände** Anstrich in sanften, gedämpften Farben, schlichte Täfelung
* **Fußboden** Gestrichene Dielen oder Naturmaterial wie Seegras, Kokos oder Sisal
* **Fenster** Rollos, Fensterläden oder schlichte Vorhänge in uni oder dezenten Blumenmustern
* **Polstermöbel** Uni Baumwolle oder Leinen
* **Möbel** Eine Kombination aus praktischen Stücken und schlichten Polstermöbeln

OBEN Ein simpler Tisch und zwei leichte Klappstühle – mehr braucht man nicht für einen ruhigen Arbeitsplatz.

OBEN LINKS Dielen und halb hohe Täfelung sind im gleichen Farbton gestrichen. Eine preiswerte Lösung für das Badezimmer.

GEGENÜBER Vorhänge in freundlichem Hellblau und ein passender Lampenschirm bringen etwas Leben in dieses Wohnzimmer in neutralen Farben.

Ländlicher Charme

Der Landhausstil zeigt sich in immer neuen Varianten – neuerdings lieber frisch und dezent statt verspielt oder rustikal.

DIE ZUTATEN

* **Wände** Creme und Rohweiß
* **Fußboden** Terrakottafliesen in der Küche, Teppich und Naturholz in anderen Räumen
* **Fenster** Schlichte, gekräuselte Blumenvorhänge oder Schabracken an Holzstangen
* **Polstermöbel** Blumenmuster, Karos oder einfarbiges Leinen

RECHTS Sammlungen von Gegenständen im gleichen Farbton gehören bei diesem Stil einfach dazu.
GEGENÜBER So leicht lässt sich in einem rustikalen Raum mit etwas Farbe und gut gewählter Bettwäsche in neutralen Tönen eine ruhige, entspannende Stimmung schaffen.

In den letzten Jahren hat sich der Landhausstil dem Zeitgeist angepasst und ist schlichter geworden. Statt schwerer Eichenmöbel und unruhiger Blumenstoffe sieht man jetzt eher zierliche, gestrichene Möbel, die auch in kleinen Räumen nicht wuchtig wirken. Die gute alte Anrichte und andere ländliche Möbel stehen noch immer im Mittelpunkt, doch weil für Wände, Fußböden und Türen nun helle Farben bevorzugt werden, sehen sie gleich viel moderner aus. Dieser Stil eignet sich für alle Menschen mit Elsterngemüt, denn sein Charme beruht auf Sammlungen von schönen Accessoires, vor allem Geschirr. In einem Bauernhaus braucht man nicht zu wohnen, um diesen Stil zu verwirklichen. Er passt auch gut zu anderen Baustilen und eignet sich besonders für Küchen und Schlafräume.

Lässig französisch

Die ausdrucksvollen Farben und Strukturen des französischen Landhausstils wirken warm und sehr einladend.

Wer einen etwas anderen Landhausstil sucht, sollte in Frankreich auf Ideensuche gehen. Hier hat man es gern etwas eleganter und schätzt verzierte Möbel und kräftigere Farben. Denken Sie an die Farben der Provence: sattes Terrakotta, Salbeigrün, Umbra und Ockergelb werden in dieser Region auch für die Inneneinrichtung gern gewählt. Zu dem Stil passt Vichykaro gut, aber auch die berühmten Blumenstoffe in leuchtenden Primärfarben, die man auf allen provençalischen Märkten findet. Wegen des besonderen Rufs der französischen Küche passt dieser Stil natürlich bestens in die Küche oder die immer beliebtere Wohnküche. Typisch sind farbig gestrichene Möbel, doch wer es rustikaler mag, könnte den Anstrich auch anschleifen. Auch blank polierte Holzmöbel passen gut zu diesem Stil, ebenso wie derbe Keramik und kräftige Tischwäsche.

DIE ZUTATEN

* **Wände** Terrakotta, Umbra, Taubenblau
* **Fußboden** Terrakottafliesen in der Küche, abgebeizte Holzdielen in anderen Räumen
* **Fenster** Schlichte, gekräuselte Vorhänge aus provençalischen Stoffen
* **Polstermöbel** Kräftiges Leinen

GEGENÜBER Die Metallmöbel, der Steinfußboden und die Wände in „provençalischem" Ockergelb vermitteln lässiges Savoir vivre.

UNTEN LINKS Leinentischdecke, karierte Sitzkissen und eine schlichte Hängelampe – das genügt für einen Essplatz mit französischem Flair.

UNTEN Schlicht und doch edel wirkt das Bad mit Terrakottafliesen, getäfelten Wänden und Messingarmaturen.

Klassisch französisch

Der französische Wohnstil des 18. Jahrhunderts wirkt etwas förmlich, aber ausgesprochen elegant.

Bei diesem noblen Stil denkt man eher an ein Schlösschen an der Loire als an ein provençalisches Bauernhaus. Natürlich muss man sich nicht von den Sesseln bis zum Marmorkamin komplett in diesem „Louis-Stil" einrichten. Oft ist es sogar geschickter, mit einem oder zwei ausgesuchten Stücken den Stil nur anzudeuten. Die klassischen französischen Möbel haben eine elegante Schlichtheit, die sich gut mit modernen Möbeln verträgt, vor allem, wenn Gestelle und Polster einfarbig gehalten sind. Wer es ganz stilecht mag, könnte auch Toile de Jouy oder Seide verwenden. Eine Kassettentäfelung – echt oder aufgemalt – bietet sich als stilvoller Hintergrund an. Auf dem Fußboden würde Parkett mit Teppichen im Aubusson-Stil besonders authentisch wirken, doch ein Holzboden – naturfarbig oder gestrichen – passt ebenso gut. Als i-Tüpfelchen gehören glitzernde Kristall-Kronleuchter in so ein fürstliches Ambiente.

DIE ZUTATEN

* **Wände** Rohweiß, Jadegrün, Taubenblau. Echte oder aufgemalte Kassettentäfelung.
* **Fußboden** Parkett, naturfarbiger oder gestrichener Holzboden. Teppiche und Läufer im Aubusson-Stil.
* **Fenster** Vorhänge aus Toile de Jouy oder Seide mit fester Schabracke
* **Polstermöbel** Toile de Jouy, Seide, Samt oder Leinen

OBEN Kunstvoll geschnitzte Möbel gehören unbedingt zum klassisch-französischen Stil.
OBEN LINKS Getäfelte Wände sehen elegant aus und ermöglichen es, die Raumproportionen zu manipulieren.
GEGENÜBER Das verschnörkelte Bett, eine Kopie eines Modells aus dem 18. Jahrhundert, ist der Inbegriff französischer Noblesse. Perfekt wird es mit einer gesteppten Decke.

Klassisch schwedisch

Mit diesem frischen, aufgeräumten Stil wirkt jeder Raum hell und freundlich.

DIE ZUTATEN

* **Wände** Rohweiß, Jadegrün, Taubenblau, echte oder imitierte Täfelung
* **Fußboden** Naturfarbige oder gestrichene Dielen, Naturfaser-Beläge, gestreifte oder karierte Läufer
* **Fenster** Große Karos, Vichykaro, einfarbiges Leinen, feste Schabracken
* **Polstermöbel** Große Karos, einfarbiges Leinen

OBEN RECHTS Eine schlichte Holzbank mit bequemen Polsterauflagen und Kissen ist ein typisches Element des klassisch-schwedischen Stils.
GEGENÜBER Auch karierte Stoffe und Tapeten gehören dazu. Hier geben sie dem formalen Esszimmer eine frische Atmosphäre. Tischwäsche und Geschirr sind farblich fein abgestimmt.

Dieser beliebte Stil lehnt sich an das Schweden des 18. und 19. Jahrhunderts an, als man sehr schlichte Räume mit dezent-klassischen Möbeln ausstattete. Wunderbare Anregungen liefern die Bilder, die der Maler Carl Larsson Ende des 19. Jahrhunderts malte. Weil dieser Stil auf Wänden und Möbeln in hellen Farben wie zartem Grau, Blau und Grün basiert, eignet er sich vor allem für Räume die etwas Helligkeit nötig haben. Treibt man den schwedischen Stil auf die Spitze, entstehen sehr helle, aber keineswegs nüchterne Räume. Er hat gewisse Ähnlichkeiten mit dem klassisch-französischen Stil, ist aber insgesamt strenger. Für die Fenster empfehlen sich Fensterläden oder Vorhänge in Unis und großen Karos oder transparenter Voile, der viel Licht durchlässt. Holzdielen – naturfarbig oder gestrichen – passen ebenso gut wie Naturfaser-Bodenbeläge.

Klassisch englisch

Dieser zeitlose Stil bringt wie kein anderer Behaglichkeit und klassische Eleganz in Einklang.

Der klassische englische Stil knüpft an die Einrichtung der großen Herrenhäuser in der ersten Hälfte des 20. Jahrhunderts an. Typische Kennzeichen sind wuchtige Polstermöbel, Chintzvorhänge mit großen Blumenmustern, Antiquitäten aus dem 18. Jahrhundert, gestrichene Möbel und dekorative Effektmalereien. In den 1980-er Jahren neigte man dazu, die Üppigkeit etwas zu übertreiben. Heute hat der „Stil der Lords“ zu seinen Wurzeln zurückgefunden. Er wirkt klarer und setzt meist auf die Kombination nur eines großen Blumenmusters mit Unistoffen in kühleren Farben. Das Ergebnis ist ein Stil der einfacher und preiswerter umzusetzen ist und seinem historischen Vorbild viel besser gerecht wird.

DIE ZUTATEN

* **Wände** Blumentapeten, Creme- und sanfte Gelbtöne im Wohnzimmer, Dunkelrot und Terrakotta im Esszimmer, zarte Pastells in Schlafräumen
* **Fußboden** Teppich, Naturfaserbeläge, lackierte Dielen, Perser- oder Orientteppiche
* **Fenster** Aufwändige Vorhänge in großformatigen Blumen- oder Karomustern
* **Polstermöbel** Leinen, Samt oder Chenille

GEGENÜBER Mit der Kombination aus antiken Mahagonimöbeln, dem vergoldeten Spiegel und der Textiltapete mit einem floralen Muster wirkt dieses Esszimmer elegant, aber dabei sehr behaglich.
LINKS Der Sessel mit Knopfheftung, der stattliche Schubladenschrank und der geschnitzte Spiegel geben diesem Wohnzimmer eine etwas förmlichere Note.

DIE ZUTATEN

* **Wände** Weiß, Rohweiß oder Dunkelrot und Braun
* **Fußboden** Dunkler Holzboden, Naturfaserbelag, Sandstein, schlichte Läufer
* **Fenster** Jalousien aus Stoffen in neutralen Farben
* **Polstermöbel** Strukturierte Unis in dunklen Farben

GEGENÜBER Ein Beispiel für eine gelungene Kombination aus modernen Möbeln und asiatisch-exotischen Accessoires. **UNTEN** Lackmöbel, Lampen und Accessoires geben diesem Arbeitszimmer eine faszinierend exotische Ausstrahlung.

East meets West

Eine Mischung aus westlichem Minimalismus und fernöstlicher Strenge wirkt kühl, aber aufregend

Bei diesem Stil werden Elemente des westlichen Minimalismus mit der ausgeglichenen Ruhe asiatischer Wohnungen in Einklang gebracht. Sachlich-moderne Elemente wie große, niedrige Sofas und fernöstliche Möbel und Accessoires werden vor einem schlicht weißen Hintergrund präsentiert. Wer es aufregender mag, wählt satte, stimmungsvolle Farben. Unabhängig von Stil und Materialien der Möbel sollten die vorherrschenden Farben Schwarz, Braun und dunkles Rot sein. Lackmöbel und -accessoires, neu und alt, dürfen nicht fehlen. Für den Fußboden empfehlen sich Naturstein oder Naturfaserbeläge. Große Zimmerpflanzen, Duftkerzen, Räucherstäbchen und Zimmerbrunnen tragen zu der exotischen Atmosphäre bei. Vor allem für Schlafräume und Badezimmer, in denen eine ruhige, entspannende Atmosphäre gewünscht ist, bietet sich dieser Stil an.

Exotisch

Exotische Möbel und Accessoires sind sehr dekorativ und holen das Flair fremder Länder ins Haus.

Verzierte Möbeln, dekorative Textilien und handgefertigte Accessoires aus Indien und dem Fernen Osten können sich zu einem Stil verbünden, der uns im Westen ein Türchen in eine Traumwelt öffnet. Hier ist jedoch nicht die Rede vom klischeehaften Hippie-Stil der 70er-Jahre. Schlichtere Möbel und eher sparsam eingesetzte Dekorationen ergeben ein Ambiente, das exotisch und sinnlich, aber nicht überladen wirkt. Für den Kolonialstil empfehlen sich Möbel mit europäischem Einschlag und cremefarbene Stoffe für Vorhänge und Möbel. Wer es diskreter mag, kann auch einzelne fremdländische Stücke in einem schlicht eingerichteten Raum – modern oder klassisch – verwenden. Die Materialien können ruhig unterschiedlich sein. Damit ein optischer Zusammenhalt entsteht, achten Sie aber darauf, dass die Elemente ähnliche Farben haben.

DIE ZUTATEN

* **Wände** Warmes Rot, Terrakotta und kräftiges Grün
* **Fußboden** Naturfaserbelag oder dunkler Holzboden
* **Fenster** Schlichte, einfarbige Rollos, Jalousien oder Vorhänge
* **Polstermöbel** Ethno-Stil. Für den Kolonialstil Leinen und Baumwolle in Creme und Weiß.

OBEN Mit Accessoires wie diesen Intarsienkästchen lässt sich schnell und preiswert eine exotische Atmosphäre schaffen.

LINKS Ein chinesischer Lackschrank ist nicht nur ein authentisches Accessoire, sondern bietet auch wertvollen Stauraum.

GEGENÜBER Die Kombination aus orientalischen Mustern und Möbeln mit neutralen Bezügen wirkt freundlicher und moderner als eine Einrichtung in satten, dunkleren Farben.

The Phone Book
IAN McEWAN
SALMAN RUSHDIE
FURY
ANSEL ADAMS
California
AMERICAN PHOTOGRAPHS
Paris Interiors
PUNK

Stilmix

Mit Möbeln aus verschiedenen Epochen, sowie unterschiedlichen Materialien und Texturen entsteht ein eklektischer Stilmix.

Das beherzte Mischen verschiedener Stile – etwa traditionell und modern oder europäisch und fernöstlich – wird immer beliebter. Das Geheimnis einer gelungenen Mischung liegt darin, dass die verschiedenen Möbel und Accessoires ungeachtet ihres Stils in Farbe und Textur Ähnlichkeiten aufweisen. Wer beispielsweise einen Biedermeier-Beistelltisch aus Mahagoni mit einem modernen Sofa kombinieren will, könnte für den Polsterbezug einen Ton wählen, der dem Holz ähnelt.

Sollen mehrere Räume gestaltet werden, besteht kein Grund, für alle den gleichen Stil zu wählen. Manche Stile bieten sich für spezielle Räume an und eignen sich für andere weniger gut. Einem Wohnzimmer steht beispielsweise der klassisch englische Stil gut, während sich der Minimalismus besser für zweckmäßige Räume wie die Küche eignet.

GEGENÜBER Dass sich das Gemälde mit dem religiösen Motiv mit den beiden modernen Schalenstühlen verträgt, liegt daran, dass die Farben beider Elemente sorgfältig aufeinander abgestimmt sind.

UNTEN Ein indischer Tisch als Hingucker in einem modernen Raum in Creme und Violett.

DIE ZUTATEN

* Die Farben alter und neuer Stücke sollten gut miteinander harmonieren.
* Benachbarte Räume in verschiedenen Stilen brauchen ein Bindeglied, etwa durch Bodenbelag oder Farbwahl.
* Antiquitäten kommen neben modernen Möbeln am besten zur Geltung, wenn letztere möglichst schlicht und dezent sind.
* Eine geschickte Synthese aus Alt und Neu besteht darin, einen antiken Sessel oder ein Möbelstück im traditionellen Stil mit einem modernen Stoff beziehen zu lassen.

OBEN Dass die Uhr aus dem 18. Jahrhundert sich so gut mit der fernöstlichen Tapete verträgt, liegt an der Ähnlichkeit der Farben.

OBEN RECHTS Die ausdrucksvolle Tapete lässt den Raum mit verschiedenen, farblich fein aufeinander abgestimmten Möbeln und Accessoires etwas exotischer wirken.

GEGENÜBER Weil der gesamte offene Raum in einer einheitlichen Grundfarbe gestaltet wurde, bildet auch die moderne Küche keinen Stilbruch gegenüber dem eher klassisch eingerichteten Wohnbereich.

Der klassisch-französische Stil mit seiner unterschwellig femininen Note passt gut in ein Schlafzimmer, aber im benachbarten Bad hat man es vielleicht lieber etwas ruhiger und weniger verspielt. Auch die baulichen Gegebenheiten verschiedener Räume können den Ausschlag für einen Stilmix geben. Wer beispielsweise ein älteres Haus mit einem neuen Anbau hat, könnte sich entscheiden, das Haupthaus traditionell und den Anbau moderner einzurichten.

Wenn Räume in verschiedenen Stilen gestaltet werden, ist es wichtig, einen guten Übergang zu schaffen, etwa durch verbindende Elemente. Ein Schlafzimmer mit angrenzendem Bad könnte man beispielsweise in unterschiedlichen Stilen, aber gleichen oder sehr ähnlichen Farben gestalten. Denkbar wäre auch ein durchgehender Bodenbelag. Durch solche Bindeglieder wirkt eine Wohnung im Stilmix dennoch wie aus einem Guss und der Übergang von einem Stil zum nächsten wird nicht abrupt, sondern eher fließend wahrgenommen. Wer mehrere Räume in unterschiedlichen Stilen gestaltet, sollte auch darauf achten, dass Diele, Flur und Treppenhaus möglichst schlicht und neutral bleiben.

Mrs Smith Hotel Collection
LEIBOVITZ

ProArte Series 22 Hog 50688685

2

Evolution oder Revolution?

Eine Renovierung kann man auf zweierlei Weise angehen. Eine besteht darin, das Vorhaben „wachsen" zu lassen. Normalerweise beginnt man dabei mit den Wänden und wendet sich dann Fußboden, Fenstern und Textilien zu. Der Vorteil dieser Methode besteht darin, dass man sich vortasten kann – und dass die Kosten sich über einen längeren Zeitraum strecken lassen. Der zweite Weg ist die „Revolution", bei dem der Raum wie eine leere Leinwand betrachtet wird. Nun kann man entweder eine von Grund auf neue Gestaltung wählen oder sich an wenigen vorhandenen Möbelstücken orientieren. Beide Herangehensweisen haben ihre Berechtigung. Welche Sie wählen, hängt vom Budget ab, aber auch davon, ob bestimmte Elemente wie Bodenbelag oder Möbelstücke übernommen werden sollen. Welchen Weg Sie auch wählen – der erste Schritt sollte immer die sorgfältige Planung sein.

DIESE SEITE Dieser Raum hat eine Doppelfunktion. Am Esstisch kann man gemütlich mit Gästen zusammensitzen.
GEGENÜBER Zu anderer Zeit werden die gleichen Möbel für den häuslichen Arbeitsplatz benutzt.

Die Hauptfunktion

Im ersten Planungsschritt wird festgelegt, welche Funktion ein Raum oder ein Teil einer offenen Wohnung erfüllen soll.

DER VIELZWECK-RAUM

Es lohnt sich, die Wohnung als Ganzes zu betrachten – einschließlich der Räume, die nicht renoviert werden, um eventuell die Nutzung der Räume zu verändern. Je nach Platzangebot könnten manche Räume mehrere Funktionen erfüllen.

WOHNZIMMER	Fernsehzimmer, Bibliothek
ESSZIMMER	Fernsehzimmer, Arbeitszimmer, Spielzimmer, Bibliothek
KÜCHE	Esszimmer, Arbeitszimmer, Fernsehzimmer, Wohnzimmer
WINTERGARTEN	Esszimmer, Spielzimmer, Arbeitszimmer
SCHLAFZIMMER	Fernsehzimmer, Arbeitszimmer, Bibliothek
GÄSTEZIMMER	Ankleidezimmer, Arbeitszimmer
DIELE	Bibliothek, Platz für Stauraum

NACHGEFRAGT

* Welche Funktion hat der Raum hauptsächlich? Denken Sie über die konventionelle Nutzung hinaus. Wer beispielsweise an einer belebten Straße wohnt, könnte die Schlafräume auf die Rückseite des Hauses verlegen und die vorderen Räume als Gäste- oder Ankleidezimmer oder Bad nutzen. Wenn das Erdgeschoss wenig Tageslicht bekommt, könnte man das Wohnzimmer im helleren ersten Stock einrichten. Querdenken kann helfen, die optimale Raumverteilung zu finden.
* Soll der Raum neben seiner Hauptfunktion (z. B. Kochen, Essen, Entspannen, Arbeiten, Schlafen oder Baden) noch für andere Dinge genutzt werden?
* Wie muss der Raum möbliert und beleuchtet sein, um seiner Funktion (oder seinen Funktionen) optimal gerecht zu werden?
* Wie soll ein Raum mit Doppelfunktion strukturiert sein? Ist zusätzlicher Stauraum oder eine spezielle Beleuchtung notwendig?

Die Grundzutaten

Nachdem die Funktion festgelegt ist, wenden Sie Sich den Elementen zu, die zu ihrer Erfüllung nötig sind.

Stellen Sie eine detaillierte Liste der wichtigsten Elemente zusammen, die für einen Raum erforderlich sind. Erst danach wenden Sie sich Stil und Aussehen zu, ohne jedoch Ihre Liste aus den Augen zu verlieren. Der Grund dafür ist, dass sich bei der Planung oft zahllose verschiedene Möglichkeiten ergeben oder man sich für einen Stil begeistert und die praktischen Aspekte vergisst. So könnte während der frühen Planung festgelegt werden, dass ein strapazierfähiger, warmer, pflegeleichter Fußboden nötig ist, weil der Raum als Spielzimmer benutzt werden soll. Später entscheiden Sie sich nach Besuchen im Fachhandel, dass Eichendielen besser zu dem Stil passen, der Ihnen vorschwebt, als profanes Linoleum. Bei der Auswahl von Stauraum für das Wohnzimmer läuft man weniger Gefahr, sich in einen zierlichen französischen Schrank zu verlieben, wenn vorher geklärt ist, dass zum Verstecken all der Kabel der Unterhaltungsmedien nur ein Einbauschrank infrage kommt.

GRUNDAUSSTATTUNG JEDES RAUMS

* **Elektrizität** Wo benötigen Sie Steckdosen und Lampenanschlüsse?
* **Heizung** Müssen Heizkörper versetzt werden, wenn der Raum anders genutzt wird?
* **Fußboden** Für Bereiche mit viel Durchgangsverkehr empfiehlt sich ein robuster Bodenbelag.
* **Stauraum** Welche Dinge müssen im Raum verstaut werden, welche könnten Sie woanders unterbringen?
* **Möbel** Welche Möbel sind für die Funktion des Raums wirklich notwendig?

OBEN Vorher: Fest stand nur, dass hier das schöne alte Sofa stehen sollte. **LINKS** Nachher: Das Sofa gibt den Ton für den Stil der Fensterdekoration und der übrigen Möbel an.

GEGENÜBER (UNTEN) Das Bad vor der Renovierung **GEGENÜBER (OBEN)** Nachher: Der Raum wird besser ausgenutzt, sodass nun ein Doppelwaschtisch mit Ablage Platz findet.

VORHANDENES INTEGRIEREN

Natürlich ist es besonders einfach, einen Raum von Grund auf zu gestalten. Die meisten Menschen besitzen aber Möbel, Lampen oder Bilder, die aus sentimentalen oder finanziellen Gründen in die neue Gestaltung einbezogen werden sollen. Wie dominant diese Elemente dann wirken, hängt von ihrer Größe und ihrem Stil ab.

Wenn Sie die Ausstattung des neu zu gestaltenden Raums planen, stellen Sie gleich eine Inventarliste aller Möbel im Haus zusammen – auch wenn nur ein Raum renoviert werden soll. Dann schreiben Sie die Namen der Räume nebeneinander und überlegen, welche Möbel sich für welchen Raum am besten eignen würden. Denken Sie daran, dass man Möbel leicht in einer anderen Farbe streichen oder mit einem neuen Stoff beziehen kann, um sie dem neu gestalteten Raum anzupassen.

DIESE SEITE Selbst eine so schlichte Gestaltung verlangt einige Vorbereitung. Nachdem die Grundentscheidungen gefällt sind, können Sie Schritt für Schritt vorgehen, sodass sich der Raum allmählich entwickelt.
GEGENÜBER Sammeln Sie in der Planungsphase Fotos, Stoff- und Tapetenmuster, die Ihnen gefallen.

Ideensuche

Weil das Spektrum der Möglichkeiten so groß ist, sollten Sie sich reichlich Zeit nehmen, das Angebot zu erkunden und genau festzulegen, wie Ihr Raum aussehen soll.

Der schönste Teil der Planungsphase ist die Ideensuche. Die wenigsten Menschen sind kreative Genies, die eine neue Raumgestaltung mit purer Vorstellungskraft entwerfen können. Besser ist es, auf die Suche nach konkreten Inspirationsquellen zu gehen.

Beginnen Sie damit, Bilder zu sammeln, die Ihnen hilfreich erscheinen. Plündern Sie Zeitschriften und Bücher, Kataloge und Broschüren und sehen Sie sich im Internet um. Teure Zeitschriften und Bücher zerschneidet niemand gern, doch Farbkopien kosten nicht viel Geld. Denken Sie nicht nur an das Nahe liegende. Auch das Motiv einer Ansichtskarte kann beispielsweise den Impuls für eine Farbkombination geben.

Ein nützliches Werkzeug ist eine Digitalkamera, mit der man überall und jederzeit Anregungen schnell und preiswert festhalten kann. Während der Planung sollten Sie alles fotografieren, was Ihnen auffällt – vom ganzen Möbelstück bis zum winzigen Detail einer Polsterverarbeitung. Anfangs geht es nur ums Sammeln. Das Aussortieren kommt später an die Reihe.

Beim Ordnen Ihrer Inspirationen sollten Sie aber strukturiert vorgehen. Sinnvolle Kategorien sind beispielsweise Farbe, Struktur, Wände, Fußböden, Möbel und Beleuchtung. Je mehr Material Sie sammeln, desto klarere Konturen bekommen ihre Ideen.

FÜR JEDES HAUS DER RICHTIGE STIL

Ein Anhaltspunkt für die Wahl des Stils kann das Alter des Hauses sein. In den 1980er-Jahren richteten viele Besitzer älterer Häuser ihre Räume so ein, wie sie meinten, dass sie gleich nach dem Bau ausgesehen haben könnten. Für ein Haus aus dem späten 18. Jahrhundert wählte man neo-klassizistische Möbel und Stoffe, während ein Haus aus dem späten 19. Jahrhundert im viktorianischen Stil eingerichtet wurde. Heute gilt diese Herangehensweise als etwas zu strikt, doch generell ist es sinnvoll, eine Raumgestaltung zu wählen, die dem Haus und seiner Geschichte gerecht wird. Wer beispielsweise ein Bauernhäuschen mit niedrigen Decken im Stil eines georgianischen Herrenhauses einrichtet, darf sich nicht wundern, wenn das Ergebnis überladen und disharmonisch wirkt. Besser ist es, einen Stil zu wählen, der mit den schlichten, ländlichen Räumen harmoniert, ohne das historische Vorbild sklavisch kopieren zu wollen. Wer andererseits eine Altbauwohnung mit hohen Stuckdecken bewohnt, ist gut beraten, passende Möbel und Vorhänge in eher formalem Stil zu wählen – sollte aber das Ambiente durch helle, neutrale Farben etwas moderner gestalten.

GUTE HILFSMITTEL

* Bücher, Zeitschriften und Broschüren über Inneneinrichtung
* Klarsichthüllen und Klebeetiketten zum Sammeln von Ideen und Mustern
* Digitalkamera

Die Qual der Wahl

Im nächsten Schritt müssen aus vagen Ideen klare Entscheidungen über Farben, Tapeten, Stoffe und Möbel werden.

Wer jemals einen Raum von Grund auf renoviert hat, weiß, dass die Suche nach Farben und Tapeten, Stoffen und Bodenbelag viel mehr Zeit in Anspruch nimmt als die eigentliche Ausführung der Arbeit. Das liegt daran, dass das gewaltige Angebot so verwirrend ist. Selbst wenn man nur eine Farbmusterkarte betrachtet, hat man Dutzende von Farben in allen nur denkbaren Nuancen vor Augen. Ebenso verhält es sich mit den anderen Elementen, die ausgesucht werden müssen – vom schlichtesten Stoff bis zum raffinierten Kronleuchter. Und je länger man sich umschaut, desto mehr Möglichkeiten bieten sich an.

Zu Beginn einer Renovierung kann die Notwendigkeit, all die verschiedenen Elemente auszusuchen, wie eine unüberwindliche Hürde scheinen. Darum ist es sinnvoll, die gesammelten Ideen und Muster zu strukturieren, um sich die Auswahl zu erleichtern.

DIE MUSTERPLATTE

Jedes Renovierungsvorhaben ist eine Reise ins Unbekannte. Ob sie kurz oder lang ist – zu Beginn muss die Richtung klar definiert werden. Um vage Ideen in konkrete Pläne zu verwandeln, ist eine Musterplatte ein wichtiges Hilfsmittel, das übrigens auch professionelle Innenarchitekten verwenden. Gerade in der frühen Planungsphase ist es sehr schwierig, sich das fertig renovierte Zimmer vorzustellen. Eine Musterplatte ist eine Möglichkeit, die vorgesehene Gestaltung zu visualisieren. Zwar gibt es für diesen Zweck heute auch Computersimulationen, doch die Musterplatte hat den Vorteil, dass man auch das Zusammenwirken von verschiedenen Farben und Oberflächen gut beurteilen kann.

Es gibt verschiedene Möglichkeiten, eine Musterplatte zusammenzustellen. Am einfachsten ist es, ein Pinnboard an die Wand zu hängen und Muster von Farben, Stoffen, Tapeten und Bodenbelägen daran zu befestigen, die Sie zusammengetragen haben. Dazu kommen Fotos von Möbeln, Lampen oder Accessoires, die Sie in Erwägung ziehen. Alternativ können Sie Ihre Muster auch auf eine feste Pappe tackern oder kleben. Das ist zwar etwas aufwändiger, dafür ist eine solche Platte tragbar.

Breiten Sie dann alle Muster und Proben, die Sie gesammelt haben, auf einem großen Tisch oder dem Fußboden aus. Nun geht es daran, aus der Fülle eine Auswahl zu treffen, die in ein konkretes Gestaltungskonzept münden soll. Die Fragen rechts auf dieser Seite sollen Ihnen die Auswahl erleichtern.

GEZIELTE AUSWAHL

* Soll der Raum insgesamt eher klassisch, modern oder praktisch wirken? Oder ist eine Kombination gewünscht?
* Streben Sie einen bestimmten Stil an? Nennen Sie ihn beim Namen, das erleichtert die Konzentration auf die typischen Elemente! Klassisch Englisch? Zwanglos modern? Minimalistisch? Lässig oder klassisch französisch? Exotisch? Passt keine der Kategorien, dann erfinden Sie eine eigene, vielleicht „modern-rustikal“ oder „schlichter Historismus“ oder auch „Appartement in Paris“.
* Können Sie das Wesen Ihrer Raumidee mit einem Wort beschreiben, etwa „klar“, „intim“ oder „elegant“?
* Legen Sie Wert auf eine bestimmte Farbe oder Farbkombination?

GEGENÜBER Eine Musterplatte mit Mustern von Stoffen, Tapeten, Litzen und Bändern sowie Fotos, die die gewünschte Stimmung ausdrücken.

RECHTS Experimentieren Sie zuerst mit Mustern von Farben, Stoffen und Tapeten, ehe Sie eine definitive Entscheidung fällen.
UNTEN RECHTS So können Sie sicher sein, dass Ihnen böse Überraschungen erspart bleiben.

DAS BRIEFING

Notieren Sie Ihre Antworten auf die Fragen und formulieren Sie dann Ihre Zielsetzung, als ob Sie ein Briefing für einen Innenarchitekten zu Papier bringen wollten. Spezifizieren Sie Stil und Funktion des Raums und geben Sie an, welche Möbel verwendet werden sollen. Wenn Sie Ihre Ideen in klare Worte fassen, wird es Ihnen leichter fallen, sie umzusetzen.

Nachdem das Briefing formuliert ist, setzen Sie es zuerst auf dem Musterbrett in die Realität um. Ihre Sammlung von Mustern hat Ihnen eine grobe Vorstellung Ihrer Wünsche verschafft, die Musterplatte dient dazu, den Vorstellungen ein klareres Profil zu geben.

SAMMELLUST

Das Musterbrett ist eine gezielte Auswahl von Farben, Tapeten, Stoffen und Möbeln, die Sie in Ihrem neuen Raum verwenden können. Je größer der Fundus an Material ist, aus dem Sie schöpfen können, desto besser wird ihr Musterbrett – und der fertige Raum – ausfallen.

Renommierte Stoffhersteller stellen meist kleine Muster zur Verfügung. Bei groß gemusterten Stoffen reicht so ein „Fetzchen" manchmal nicht aus. Ist der Stoff preiswert, kaufen Sie einfach ein größeres Muster. Von teuren Stoffen bekommt man in Einrichtungshäusern oft größere Musterstücke gegen Hinterlegung eines Pfands. Auch Tapetenhersteller stellen Musterbücher zur Verfügung. Farbhersteller bieten Farbkarten kostenlos an, kleine Probedöschen kosten nur wenig Geld.

Wer Farbproben an die Musterplatte heften will, sollte die Farbe zwei- bis dreischichtig auf ein Stück festes Papier oder Pappe streichen. Vergessen Sie nicht, auf jedem Muster Hersteller, Produktnamen und Farb- oder Typnummer genau zu vermerken.

Auch Bodenbeläge und Dekorationen wie Borten und Quasten gehören dazu, Natürlich sind Muster von Fußbodenmaterialien zu groß für das Musterbrett, doch man könnte Fotos oder Farbkopien machen und bei Bedarf verkleinern, um eine visuelle Vorstellung zu gewinnen. Fotos oder Farbkopien der wichtigsten Möbel, die in die Gestaltung eingebunden werden sollen, dürfen ebenfalls nicht fehlen.

Das Zusammenstellen einer Musterplatte mag etwas aufwändig und mühsam scheinen, doch Sie werden feststellen, dass es viel Spaß macht und außerdem eine wichtige Hilfe beim Ausfeilen des gestalterischen Konzepts darstellt.

WICHTIGE HILFSMITTEL

* Pinnboard mit Wandaufhängung oder großes Stück Pappe
* Klebstoff, Klebeband oder Stecknadeln zum Befestigen der Muster
* Selbstklebende Etiketten zum Beschriften der Muster

FLEXIBEL BLEIBEN

Tragen Sie beim Sammeln der Muster für jedes Element des Raums Stoffe und Tapeten in verschiedenen Farben zusammen. Die Musterplatte hat für den Innenarchitekten eine ähnliche Funktion wie die Palette für den Maler. Letztlich bleibt die Farbgebung so lange in Bewegung, bis genau der ideale Ton gefunden ist. Aus diesem Grund sollten Sie kein Muster wegwerfen, ehe Sie ganz sicher sind, die optimale Zusammenstellung gefunden zu haben. Manchmal genügt es, ein einziges Element auszutauschen, um beispielsweise die Wirkung sämtlicher Farben im Raum zu verändern. Denken Sie auch daran, dass die gesammelten Muster bei Renovierungsplänen für andere Räume nützlich sein können. Legen Sie sich doch eine „Musterbibliothek" an – aber beschriften Sie sie unbedingt mit dem Namen des Herstellers, dem Preis und der genauen Produktbezeichnung.

DER GRUNDRISS

Wenn Ihre Musterplatte Gestalt annimmt, schauen Sie noch einmal Ihr Briefing an. Zeichnen Sie auf Karopapier einen Grundriss des Raums, in dem auch die Positionen der Fenster, Türen und Heizkörper sowie der vorhandenen und gewünschten Steckdosen und Lichtschalter markiert sind. Schneiden Sie auch maßstäbliche Schablonen der vorgesehenen Möbel aus. Möbel, die nicht passen oder überflüssig erscheinen, sortieren Sie gleich aus.

AUSARBEITUNG

Mithilfe von Musterplatte, Briefing und Grundriss notieren Sie nun eine exakte Spezifikation des geplanten Raums, aus der genaue Angaben über die folgenden Elemente hervorgehen:

Wände

Tür- und Fensterrahmen

Fußboden

Rollos, Vorhänge, Fensterläden

Möbel (mit Angaben zu Polsterstoffen)

Beleuchtung

DIE FERTIGE MUSTERPLATTE

Um Ihrer Vorstellung klare Konturen zu geben, sollten Sie nun eine zweite Musterplatte zusammenstellen, die nur diejenigen Farben, Stoffe und Möbel zeigt, für die Sie sich entschieden haben. Dies ist die letzte Gelegenheit, dafür zu sorgen, dass Ihr Designkonzept wie aus einem Guss wirkt.

3

Farbe, Muster und Textur

Eine gelungene Renovierung ist mit dem Streichen der Wände und dem Aussuchen der Vorhängen nicht getan. Harmonisch wirkt ein Raum erst, wenn es gelingt, Farben, Muster und Texturen in Einklang zu bringen. Das mag kompliziert klingen, ist aber gar nicht so schwierig. Im Grunde genügt es meist, sich auf das eigene Gefühl für ansprechende Kombinationen zu verlassen und ein bisschen zu experimentieren. Halten Sie einfach einmal verschiedene Muster, Farben und Texturen nebeneinander, dann werden Sie schnell erkennen, was in Ihr Haus passt und was nicht. Nebenbei werden Sie feststellen, dass dieses Ausprobieren verschiedener Kombinationen sehr viel Spaß macht.

Farben auswählen

Das Farbschema bestimmt den Charakter eines Raums: eine historische Farbe für einen edlen Altbau, ein kunterbuntes Kinderzimmer, Minimalismus ganz in Weiß oder ruhiges Grün im Schlafzimmer.

Wenn von der Farbe eines Raums die Rede ist, sind meist die Wände gemeint. Natürlich ist die Wandfarbe wichtig, doch es ist keineswegs der einzige Aspekt der Farbgestaltung eines Raums. Schon bei der Planung sollten Sie die Farbe „ganzheitlich" betrachten. Die Musterplatte, um die es im vorigen Kapitel ging, ist dabei sehr hilfreich, weil sie es erleichtert, alle Elemente – Stoffe, Möbel, Bodenbelag – gleichzeitig zu betrachten und das Zusammenwirken ihrer Farben zu beurteilen.

Allerdings sind nicht nur die Farben dieser Einrichtungselemente zu wählen, sondern auch andere Eigenschaften, die optische Verbindungen herstellen: Muster und Textur. In diesem Kapitel geht es darum, zwischen Farben, Mustern und Texturen eine Ausgewogenheit zu schaffen, die der Schlüssel zur gelungenen Raumgestaltung ist.

FARBGRUPPEN

Wer Farben für Wände, Stoffe, Möbel und Bodenbelag aussucht, sollte nicht nur in Kategorien von Rosa, Blau oder Grün denken, sondern auch die Tonwerte berücksichtigen. Manche Farbtöne, beispielsweise blasses Blau und Grün, vertragen sich viel besser miteinander als intensivere Töne der gleichen Farben. Farben lassen sich auf verschiedene Weise zu Gruppen zusammenfassen, doch für die Raumgestaltung bieten sich die folgenden Kategorien an:

WEISS UND GEBROCHENES WEISS Als Wohnfarbe ist reines Weiß meist zu hart und zu kalt. Das gilt besonders für Räume, die sehr hell sind. Gefälliger und sanfter wirken Weißtöne, die einen winzigen, kaum wahrnehmbaren Anteil einer anderen Farbe enthalten. Andere Farben im Raum beeinflussen die Wirkung von Weiß (und umgekehrt), darum ist es wichtig, diese Wechselwirkung bei der Planung der Farbgestaltung durch sorgfältige Vergleiche zu prüfen.

NEUTRAL Viele Menschen ziehen sanfte Neutralfarben dem Weiß und Rohweiß vor. In diese Gruppe fallen verschiedene Farben von Creme über Grau bis Hellbraun. Wer keine schummerig-exotische Atmosphäre erzeugen will, sollte solche Farben in Räumen mit wenig Tageslicht besser vermeiden.

KÜHLE FARBEN Die Farben dieser Gruppe reichen von zartem Rosa, Blau und Grün bis zu kräftigeren Türkis- und Fliedertönen. Sie eignen sich besonders für Räume mit einer zarten, femininen Ausstrahlung.

OBEN Wenn ein Raum hell und groß wirken soll, ist eine Gestaltung ganz in Weiß ein sicheres Rezept.
GEGENÜBER In einem Raum ganz in Weiß reicht ein einziges Element in einer kräftigen Farbe, um einen ausdrucksvollen Blickfang zu schaffen.

RECHTS Wie aus einem Guss wirkt ein Interieur, wenn auch die Dekorationen farblich gut abgestimmt sind.

UNTEN Um die Wanne perfekt in den Raum zu integrieren, wurde sie von außen im gleichen Farbton wie die Wände gestrichen.

GEGENÜBER Eine Kombination von Creme- und Naturtönen mit Weiß wirkt frisch und harmonisch und ist mit wenig Aufwand und Kosten zu verwirklichen. Angeschliffene Oberflächen, die wie antik aussehen, sorgen dafür, dass der Raum nicht zu nüchtern wirkt. Der Anstrich von Möbeln sollte immer mit den Hauptfarben des Raums korrespondieren.

OBEN Dieses Foto zeigt, wie aufregend die Kombination einer mutigen, starken Farbe mit einem ruhigeren, kühlen Ton wirken kann. Die Mischung aus modernen und klassischen Elementen mag unkonventionell sein, ist aber sehr gelungen.

WARME FARBEN Räume in kräftigem Rot, Gelb, Blau und Grün vermitteln Lebendigkeit und Energie. Wer solche Farben zu „laut“ findet, sollte reichlich kühles Weiß als Gegenpol einsetzen.

SATTE FARBEN Tiefe Braun-, Aubergine- und Rottöne empfehlen sich für Räume, in denen ein maskulines oder exotisches Flair gewünscht ist. In kleinen, eher dunklen Räumen können sie sehr warm und behaglich wirken.

FARBMIX Bei der Farbauswahl geht es immer um Ausgewogenheit, darum ist die Musterplatte ein so wichtiges Planungswerkzeug. Kombinieren Sie nicht nur verschiedene Töne der gleichen Farbe miteinander. Viel interessanter sieht es aus, wenn man verschiedene Farben mit gleichem Tonwert zusammenstellt, etwa helles Blau und

Champignon-Beige oder Rosa und Grau. Denken Sie daran, dass nicht nur Farbharmonien den Charakter eines Raums prägen, sondern auch Kontraste. Eine beliebte und sichere Lösung besteht darin, Anstrich, Tapeten und Möbelbezüge in Weiß oder neutralen Farben zu wählen, um so einen ruhigen Hintergrund für Farbakzente zu schaffen, für den einzelne Polstermöbel, Vorhänge oder Accessoires sorgen können.

FARBE UND HARMONIE

Farbe verbindet die Bestandteile eines Raums zu einem Ganzen. Vor allem im Wohnzimmer gilt es oft, viele verschiedene Elemente unter einen Hut zu bringen – da können gut gewählte Farben für visuelle Ordnung sorgen. Dabei sollte jedes Element des Raums als Komponente des Farbschemas betrachtet werden. Die Farbe der Wände hat ebenso große Bedeutung wie die des Fußbodens, der Stoffe und Tapeten.

OBEN In diesem traditionell eingerichteten Esszimmer wurden die Wände dunkel gestrichen, damit sich die helle Essgruppe schön abhebt. Im kleinen Muster der Stuhlbezüge wird die Farbe der Wände aufgegriffen.

Mustervielfalt

In einem harmonisch gestalteten Raum können selbst gewagte Muster sehr stimmig wirken. Das Geheimnis liegt in der Ausgewogenheit.

DIE PROPORTIONEN

Viele Menschen haben Bedenken, große Muster einzusetzen. Zweifellos können einige recht aufdringlich wirken – vor allem wenn sie, wie altmodischer Chintz, drei oder vier kräftige Farben enthalten. Dabei können große Muster sehr attraktiv aussehen, wenn sie in Bezug auf den Mustertyp, die Farbe und Proportionen auf die übrigen Elemente im Raum, etwa andere Stoffe oder Tapeten, abgestimmt sind. Ein schlicht eingerichteter Raum mit einem ausdrucksvollen Druckstoff, dessen Hauptfarbe auch für die Wände verwendet wird, kann überraschend modern aussehen. Noch einfacher ist es, einen gemusterten Stoff mit hellen, neutralen Farben zu kombinieren. Muster aus zwei Farben, vielleicht Rot und Weiß, sind natürlich besonders einfach zu verwenden, vor allem, wenn es sich um „verblasste" Farbtöne handelt.

Verbreitet ist auch die Ansicht, dass man große Muster nicht in kleinen Räumen verwenden sollte. Das ist jedoch ein Irrtum, denn üppige Proportionen – ob von Möbeln oder Mustern – lassen kleine Räume fast immer größer wirken. Neben Blumenmustern gibt es auch attraktive bildhafte Muster im Toile-de-Jouy-Stil, Damast- und grafische Muster. Kleine Muster vermitteln häufig etwas Intimes, Zartes. Für ihre Verwendung in der Raumgestaltung gelten aber die gleichen Grundregeln wie für große Muster: Wichtig ist immer, dass die Farben miteinander harmonieren.

GEGENÜBER In modernen Wohnungen werden mutige Muster gern vor einem einfarbigen Hintergrund präsentiert. Hier greifen mehrere Elemente die Hauptfarbe des Musters auf und variieren sie.

RECHTS Recht einfach ist der Umgang mit Mustern, die außer Weiß nur eine Farbe enthalten. Selbst große, auffallende Muster wie diese traditionellen, floralen Motive können sehr attraktiv aussehen.

UNTEN Im Idealfall sollten alle Elemente – vom Geschirr bis zu den Polsterstoffen – einen Bezug zum Farbschema des Raums haben. Die Farben und Muster müssen nicht identisch sein, aber gut miteinander harmonieren.

RECHTS Durch die Kombination verschiedener Blumenstoffe wirkt diese Bank heiter und entspannt. Und ist ein anderer Stil gewünscht, können die Kissenbezüge schnell ausgewechselt werden.

BLUMEN

Blumenmuster lassen sich in drei Gruppen gliedern, von denen jede typische Merkmale hat und eine ganz andere Atmosphäre vermittelt. Die erste Gruppe umfasst die klassischen Blumenmuster, die mit ihren feinen Details oft an botanische Zeichnungen erinnern. In die zweite Gruppe fallen die modernen Blumenmuster, die eher locker wirken, als seien sie mit dem Pinsel gemalt. Und die dritte Gruppe bilden die winzigen Streublümchen, die oft Gänseblümchen oder Rosenknospen nachempfunden sind. Darüber hinaus gibt es immer mehr schlichte, eher grafisch modern wirkende Blumenmuster.

Wie bei allen Mustern kommt es auch bei Blumen darauf an, dass die Hauptfarbe mit den anderen Farben des Raums korrespondiert. Alternativ kann man die Muster auch als Farbakzent vor einem ruhigen Hintergrund einsetzen. Scheuen Sie sich nicht, verschiedene Stile zu mixen. Klassische Blumenmuster müssen nicht traditionell eingerichteten Räumen vorbehalten bleiben. Viel wichtiger als der Stil ist die Farbe.

LINKS Die lebhafte Motivtapete wirkt in dem Schlafzimmer nicht aufdringlich, weil für Bettwäsche und Möbel ausschließlich Unis in den Farben des Musters gewählt wurden. Die verspiegelten Beistelltische mit den Glaslampen steuern ein bisschen Glamour bei.

BILDHAFTE MUSTER

Der Klassiker unter den Bildmustern ist der Toile de Jouy, dessen Vorlage Darstellungen ländlicher Szenen aus dem 18. Jahrhundert sind. Solche Muster sind für traditionell eingerichtete Räume, vor allem Schlafräume, sehr beliebt. Es gibt aber auch andere Bildmuster, die beispielsweise Jagdszenen oder Architekturmotive darstellen. Die meisten vermitteln ein eher sanftes, feminines Flair. Es gibt jedoch auch modernere Bildmuster in kräftigeren Farben, die lebendig und zeitgemäß wirken. Wieder spielt bei der Auswahl weniger der Stil als die Farbgebung die Hauptrolle.

GEOMETRISCHE MUSTER

Geometrische Muster sind wieder im Kommen. Ihre Blütezeit erlebten sie in den 1950er- und 1960er-Jahren, als sie die modernen Wohnungen der Nachkriegszeit eroberten. Heute zeigen sich diese Muster etwas diskreter und eleganter, was vor allem an den neuen Farben und Texturen liegt. Sie bieten sich natürlich für eine Einrichtung im Retro-Stil an, passen aber auch zu anderen Stilen, von klassisch bis modern.

GEGENÜBER Keine Angst vor großen, ausdrucksvollen Mustern in kleinen Räumen. Wenn die Farben wie in diesem Bad ganz in Schwarz-Weiß sorgfältig abgestimmt sind, wirken solche Muster gar nicht erdrückend.

OBEN Muster sind in modernen Wohnungen wieder gefragt. Das schlichte, geometrische Muster der Tapete verträgt sich gut mit den Formen der Küchenschränke und dem Muster des Läufers.

GEGENÜBER Ein bewährter Kunstgriff besteht darin, sich auf ein einziges, markantes Muster zu beschränken und farblich genau abgestimmt Accessoires zu wählen. Vor einem einfarbigen, sehr schlichten Hintergrund ist die Wirkung besonders spektakulär.

UNTEN Viele verschiedene Muster in einheitlichen Farben wirken lebendig, aber kein bisschen unruhig. Die Seidenkissen bringen ein bisschen Luxus in dieses Ambiente.

STREIFEN UND KAROS

Sie gehören zum Grundrepertoire der Raumgestaltung und werden seit jeher für klassische Interieurs im englischen, französischen und schwedischen Stil verwendet. Ihr Vorteil ist, dass man sie vor einem einfarbigen Hintergrund gut mit Blumenmustern kombinieren kann. Weil sie so schlicht sind, stehen sie aber auch modernen Wohnungen gut zu Gesicht. Obendrein sind sie oft zu günstigen Preisen zu haben. Das mag daran liegen, dass Streifen ursprünglich nicht als Dekostoffe gedacht waren – was der gute alte Matratzendrell beweist.

MUSTERMIX

Das Kombinieren verschiedener Muster wird oft als besonders schwierig eingeschätzt. Wie bei so vielen anderen Planungsschritten hilft auch hier wieder ein Musterbrett bei der Entscheidung, was sich verträgt und was nicht. In modernen Einrichtungen ist es üblich, eine einfarbige Gestaltung mit nur einem gemusterten Element zu beleben. Früher waren Raumgestalter mutiger, wenn es um das Kombinieren von Mustern ging. Zwei oder drei Blumenmuster, dazu ein paar Unis und kleine geometrische Muster wurden durchaus gemixt. Natürlich gibt es zwischen diesen Extremen auch Mittelwege. Einer wäre die klassische Kombination von Blumen, Unis und Karos. Dieses Thema lässt sich variieren, indem man die Karos durch Streifen oder die Blumen durch ein geometrisches Muster ersetzt. In jedem Fall müssen Farben, Proportionen und Strukturen aufeinander abgestimmt sein. Sehr dekorativ kann es auch aussehen, auf einem Sessel, Sofa oder Vorhang einen Unistoff mit einem gemusterten zu kombinieren. Das sieht nicht nur interessant aus, sondern erlaubt auch die Verwendung von teuren Stoffen, die man sich in größeren Mengen nicht leisten könnte. In ähnlicher Weise könnte man eine Wand mit einer groß gemusterten Tapete bekleben und die anderen in einem abgestimmten Farbton streichen.

Textur

Texturen sprechen neben den Augen auch den Tastsinn an. Sie bereichern jeden Raum, sind aber in modernen Einrichtungen ein Muss.

Während Farben und Muster meist ausführlich erwogen werden, vergessen viele Menschen die Texturen. Dabei sind sie gerade aus der Raumgestaltung nicht wegzudenken, denn sie sind ein immanenter Aspekt von Stoffen, Farben, Tapeten, Möbeln und Bodenbelägen. Die Texturen verleihen Materialien eine zusätzliche Dimension, die manchmal mehr Gewicht hat als die Farbe – und die sich immer auf die Ausstrahlung der Farbe auswirkt. Vor allem in modernen, schlicht und sachlich eingerichteten Räumen sind Texturen wichtig. Wo auf Muster bewusst verzichtet wird, muss auf andere Weise für Abwechslung gesorgt werden. Ob im Wohnbereich oder Schlafraum: Texturen können Lebendigkeit oder auch Luxus vermitteln.

GLÄNZEND

Glänzende Oberflächen von Stoffen, Wänden, Möbeln oder Bodenbelägen gelten seit jeher als nobel und elegant. Vor der Erfindung des elektrischen Lichts hatten reflektierende Oberflächen auch praktischen Wert, weil sie das Tageslicht verstärkten. Heute setzen wir Glanz hauptsächlich ein, um Räumen ein bisschen Glamour zu verleihen. Seide, Viskose und Rayon reflektieren das Licht. Daneben kommen immer mehr glänzende Tapeten, teilweise mit Metalliceffekt, auf den Markt. Ähnlich wirken auch Möbel und Böden mit einem hochglänzenden Anstrich, beispielsweise Lack, glasierte Keramik oder poliertes Holz.

OBEN Durch die Kombination matter und glänzender Flächen wirkt dieser klassisch eingerichtete Raum sehr elegant.

LINKS Gewebte Stoffe fühlen sich oft wunderbar an. Viele haben auch einen edlen Glanz, der sie wertvoll wirken lässt.

GEGENÜBER Ein Schlafzimmer mit Hollywood-Glamour: Plexiglas, verspiegelte Flächen und glänzender Satin.

RAU

Materialien wie grobes Leinen, Natursteinböden und Holz liegen im Trend, weil sie gut aussehen und sich obendrein wunderbar anfühlen. Es versteht sich von selbst, dass man sich bei der Auswahl nicht nur auf seine Augen verlassen, sondern die Oberfläche anfassen sollte.

TEXTUREN KOMBINIEREN

Wie beim Mixen von Farben und Mustern geht es auch bei den Texturen darum, dass die verschiedenen Oberflächen einander einerseits ergänzen und andererseits ein gewisses Maß an Kontrast beisteuern sollen. Ein Beispiel ist die Kombination von Leinen und Samt: Dem matten, rauen, fast rustikalen Leinen steht als Kontrast der weiche Flor und der feine Glanz des Samts gegenüber. Wie Farben können auch Texturen einander gegenseitig betonen. Neben Leinen wirkt Samt gleich viel prächtiger, während die natürliche Ausstrahlung des Leinens neben Samt erst richtig zur Geltung kommt. Aus diesem Grund wirkt eine simple Decke viel edler, wenn sie mit Samt abgefüttert wird. Ein Samtband kann schon genügen, um ein schlichtes Rollo aufzuwerten.

GEGENÜBER Die Kombination von Stoffen und Teppichen mit verschiedenen, griffigen Texturen lässt einen Raum warm und heimelig wirken.
UNTEN LINKS Die marmorierte Wand wirkt viel lebendiger als ein einfarbiger Anstrich. Der Sessel hat einen Patchwork-Bezug aus Stoffen mit verschiedenen Texturen.
UNTEN RECHTS Die interessante Mischung von Stoffen mit unterschiedlichen Texturen kann ein schlichtes Möbelstück sehr edel wirken lassen.

4

Wanddekoration

Angesichts des großen Spektrums der Gestaltungsmöglichkeiten für Wände ist es erstaunlich, dass sich so viele Menschen für dezentes Creme oder Rahmweiß entscheiden. Gegen diese Farben ist natürlich nichts einzuwenden, wenn man einen neutralen Hintergrund wünscht. Wer aber die Wände stärker in die Farbgestaltung des Raums einbinden will, hat ganz andere kreative Möglichkeiten. Wanddekoration ist viel mehr als Raufasertapete mit einem farbigen Anstrich. Die Bandbreite des Denkbaren reicht von edler, dezenter Täfelung bis zu gewagten Mustertapeten. Was Sie auch wählen: Vergessen Sie nicht, dass die Wände ein wichtiger Teil des Gesamtkonzepts sind. Wie immer heißt das Zauberwort auch hier Ausgewogenheit.

Dekorationsideen für Wände

Bei der Wahl von Farben und Texturen für die Wände haben Sie vielerlei Möglichkeiten – von Farben in allen denkbaren Schattierungen über Mustertapeten bis zu Effektputz.

Natürlich bilden die Wände einen wichtigen Teil der Raumgestaltung, doch sollte ihre Rolle im Verhältnis zu den anderen Elementen wie dem Bodenbelag und den Textilien stehen, damit sich ein stimmiges Gesamtbild im Sinne des gewünschten Stils ergibt. Das Musterbrett ist dabei einige wichtige Hilfe, denn es verhindert, dass man sich auf ein Element zu stark konzentriert und diesem dadurch ein Übergewicht gibt.

GEGENÜBER und oben Stimmt man Wandfarbe, Fußleisten, Türrahmen und Türen Ton in Ton aufeinander ab, entsteht ein elegantes Bild, das auf weitere Dekoration beinahe verzichten kann. Manchmal genügt schon ein einzelnes attraktives Möbelstück oder ein schönes Accessoire.

FARBE

Farbe eignet sich für schnelle, einfache und preisgünstige Wandgestaltungen, außerdem bietet sie die größte Vielfalt. Welchen Ton Sie wählen, hängt von vielen Faktoren ab, beispielsweise den Farben der anderen Einrichtungselemente und dem angestrebten Stil. Auch der persönliche Geschmack sowie bewusste und unbewusste Assoziationen spielen bei der Farbwahl eine Rolle. Farben sind nicht statisch, vor allem die Lichtverhältnisse haben großen Einfluss auf ihr Erscheinungsbild. Auf einer kleinen Farbkarte wirkt ein Ton völlig anders als auf einer größeren Fläche an der Wand im frühen Morgenlicht. Und weil sich das Licht im Lauf des Tages verändert, wirkt auch die Farbe immer anders – und am Abend bei Kunstlicht erhält sie wiederum einen anderen Charakter. Nehmen Sie sich reichlich Zeit für Experimente und beobachten Sie das Wechselspiel von Farbe und Licht im Tageslauf. Der Vorteil einer Musterplatte ist, dass Sie sich keinen starren Regeln unterordnen müssen. Was auf der Musterplatte gut aussieht, wird später auch im Raum gut aussehen.

Eine viel zitierte Regel lautet, dass helle Farben einen Raum größer wirken lassen als dunkle. Manchmal trifft das zu, die Wirklichkeit ist aber viel komplexer, denn unsere Wahrnehmung der Raumgröße hängt noch von verschiedenen anderen Faktoren ab, beispielsweise den Tageslichtverhältnissen, den Proportionen der Möbel und ihrer Anzahl. Viele satte Farben wie dunkles Braun und Rot oder Moosgrün vermitteln mehr Tiefe als ihre hellen Verwandten und lassen dadurch die Grenzen des Raums verschwimmen. Greifen Sie also nicht automatisch zu den hellen Tönen auf der Farbkarte, weil Sie meinen, dass Ihre Wohnung dadurch größer wirkt.

Bedenken Sie auch, dass Farbe ihre Grenzen hat. Ob mit Pinsel oder Rolle aufgetragen – konventionelle Farbe ergibt eine einfarbige Oberfläche. Natürlich gibt es auch Ausnahmen, etwa strukturierte Kalkfarben oder Effektanstriche, mit denen sich Wände sehr interessant gestalten lassen.

Für welche Gestaltung Sie sich auch entscheiden, Wände wirken meist am schönsten, wenn sie nicht Blickfang, sondern Hintergrund sind. Es mag ja verlockend sein, eine Aufsehen erregende Farbe zu wählen, doch ruhiger und ausgeglichener wirkt ein Raum, wenn die Farben aufeinander abgestimmt sind.

EFFEKTMALEREIEN UND SCHABLONEN

In den 1980er-Jahren waren Effektanstriche groß in Mode und wurden allzu oft übertrieben eingesetzt. Das heißt aber nicht, dass sie unbrauchbar sind. Im Gegenteil, sie haben durchaus ihren Reiz. Maßvoll verwendet können Effektanstriche wie Wisch- oder Tupftechnik visuell – wenn auch nicht taktil – den Eindruck einer strukturierten Wand vermitteln. Darum eignen sie sich besonders für Räume mit großen, freien Wandflächen.

Auch Schablonenmalereien können leicht etwas aufdringlich wirken, doch zum Glück gibt es auch moderne Versionen mit einfachen, oft grafischen Motiven in einer oder zwei Farben.

Wer solche Effekte erwägt, sollte Muster anfertigen und auf die Musterplatte heften, um sie – ebenso wie Stoff- und Tapetenmuster – im Kontext der anderen Elemente beurteilen zu können.

OBEN Ein dezenter Effektanstrich gibt hier einen stilvollen Hintergrund für die klassische Standuhr ab.
LINKS Das Zweigmotiv, das mit nur einer Farbe auf den Untergrund gemalt wurde, ist eine schöne Dekoration für Flur, Treppe und Treppenabsatz.
GEGENÜBER In Verbindung mit den antiken Möbeln sowie den traditionellen Stoffen und Accessoires ist dieses Schablonenmuster in Weiß auf der auberginefarbigen Wand eine stimmige und keineswegs dominante Ergänzung der Einrichtung.

TAPETE

Viele Menschen, die eine Renovierung planen, scheuen vor Tapeten zurück. Dafür gibt es zwei Gründe. Einerseits halten sie es für schwieriger, ein Muster in ein Gestaltungskonzept zu integrieren, als einfach einen Farbton auszuwählen. Andererseits glauben sie, das Tapezieren sei kompliziert. An beiden Annahmen ist etwas Wahres, ihnen stehen aber zwei entscheidende Vorzüge von Tapeten entgegen. Erstens hat Tapete eine schöne Oberfläche, die durabler als ein Anstrich ist. Und zweitens sind vor allem gemusterte Tapeten oft so dekorativ, dass man auf zusätzliche Accessoires leicht verzichten kann.

Ein weiterer Vorzug von Tapete ist ihre Vielseitigkeit, denn das Angebot reicht weit über Muster hinaus. Es gibt beispielsweise neuartige Produkte mit rau strukturierter oder metallisch glänzender Oberfläche, die ausgesprochen spektakulär aussehen können.

OBEN Das dezente Muster der Tapete hinter dem schlichten Regal ist ein zurückhaltender Hintergrund für die Sammlung moderner Keramikschalen.
LINKS Mit Tapeten lassen sich schnell und relativ preiswert Strukturen andeuten, deren echte Vorbilder nur für einen hohen Preis von spezialisierten Handwerkern zu realisieren wären.
GEGENÜBER Die Kombination aus der groß gemusterten Tapete mit einer Plexiglas-Konsole, einem venezianischen Spiegel und silbernen Leuchtern ist zweifellos ungewöhnlich, zeigt aber, wie gut sich alte und neue Elemente vertragen können.

Der Umgang mit Tapete in der Raumgestaltung hat sich in den letzten Jahren gewandelt. Früher war es üblich, alle Wände eines Raums zu tapezieren. Dann allerdings können groß gemusterte Tapeten leicht erdrückend wirken. Moderne Innenarchitekten verwenden solche Tapeten nur für eine Wand, während die anderen in einem gut abgestimmten Uni-Farbton gestrichen werden.

Selbst in einem kleinen Raum kann es aber gut aussehen, wenn alle vier Wände mit einem großen Muster tapeziert sind. Dann allerdings sollten Sie darauf achten, dass Bodenbelag und Textilien einfarbig sind.

TEXTILBESPANNUNGEN

Diese traditionelle Wanddekoration wirkt sehr behaglich und eignet sich besonders für Schlaf- und Ankleidezimmer. Für die Bespannung muss eine Unterkonstruktion aus Latten auf der Wand befestigt werden, was man am besten einem Fachmann überlässt, sofern man nicht plant, im ganzen Haus Textilbespannungen zu verwenden. Bedenken Sie aber, dass der Arbeitslohn erheblich über dem eines Tapezierers liegen wird. Ein Vorteil von Textilbespannungen ist, dass sie die Möglichkeit bieten, Muster und Dekore in Größen zu verwenden, die auf Tapeten nicht erhältlich sind. Denkbar ist auch, verschiedene Stoffen zu einem Muster zusammenzufügen.

OBEN Wer sich für ein auffälliges Muster entscheidet, sollte dazu Accessoires wählen, die in Farbgebung und Muster möglichst genau dazu passen.

LINKS Ein klassisches Muster in zarten Farben ist bestens geeignet, um einem Raum einen dezenten, unaufdringlichen Hintergrund zu geben.

GEGENÜBER Statt alle vier Wände mit einer gemusterten Tapete zu dekorieren, ist es oft geschickter, ein großes Muster auf eine Wand zu beschränken und die anderen Wände in einer passenden Uni-Farbe zu streichen.

OBEN Die Täfelung sieht attraktiv aus und lässt durch ihre aufrechte Rechteckform den Raum höher wirken. Große, freie Wandflächen können durch eine Täfelung erheblich gewinnen.

TÄFELUNG

Täfelungen sind aus klassisch eingerichteten Räumen kaum wegzudenken. Früher hatte die Täfelung einen praktischen Nutzen, weil sie Räume gegen Zugluft und Feuchtigkeit isolierte. Heute dient sie nur noch ästhetischen Zwecken. Eine Täfelung lässt einen Raum intimer wirken und eignet sich auch, um die Wahrnehmung seiner Proportionen zu beeinflussen. Ein niedriger Raum wirkt beispielsweise höher, wenn nur das untere Drittel der Wandfläche getäfelt ist. Natürlich lässt eine Täfelung langweilige Wandflächen auch interessanter aussehen.

Eine aufwändige Täfelung ist teuer, vor allem, wenn sie aus Hartholz besteht. Es gibt aber eine Reihe von Materialien, mit denen sich ein Täfelungseffekt für viel weniger Geld nachahmen lässt. Selbst eine Verkleidung mit Profilbrettern, die mit Nut und Feder zusammengesteckt und senkrecht auf der Wand montiert werden, sieht gut aus. Noch preiswerter sind Paneele aus MDF-Platte, in die das Muster einer Profilholz-Verkleidung eingefräst ist. Immer öfter verwenden moderne Innenarchitekten auch dünne Sperrholzplatten, die an die Wand geschraubt werden und sehr interessant aussehen können.

OBEN Die Wand dieses Badezimmers wird durch Sperrholzplatten aufgelockert. Das reizvolle Muster entsteht dadurch, dass die Hälfte der Platten um 90° gedreht wurde, sodass die Maserung mal längs und mal quer verläuft.

FLIESEN

Seit Jahrhunderten werden Fliesen verwendet, um Wände in Badezimmern und Küchen vor Feuchtigkeit zu schützen und um Oberflächen zu erhalten, die sich leicht sauber halten lassen. Heute gibt es andere Produkte, die den gleichen Zweck erfüllen, beispielsweise spezielle Farben oder Materialien wie Edelstahl und Glas. Konventionelle Keramikfliesen erlauben aber die Gestaltung eines Bereichs in einem bestimmten Stil, sei es nun rustikal, mediterran oder klassisch-viktorianisch – es kommt nur auf die Wahl des Fliesentyps an.

GEGENÜBER Das Schachbrettmuster aus schwarzen und weißen Fliesen wirkt hier so beeindruckend, weil es sich über den Boden und zwei Drittel der Wandhöhe erstreckt.
UNTEN Mosaikfliesen sehen hinreißend aus und sind sehr leicht zu verlegen, weil sie auf großen Gittermatten verkauft werden.

SPIEGEL

Dieses relativ preiswerte und sehr effektvolle Material wird als Wanddekoration viel zu selten in Betracht gezogen. Der größte Vorteil von Spiegeln ist, dass sie selbst kleine Räume viel größer und heller wirken lassen, weil sie die Barrieren der Wände optisch auflösen. Wenn viele oder sehr große Flächen verspiegelt sind, kann dadurch aber die Geborgenheit eines geschlossenen Raums verloren gehen, was manche Menschen unbehaglich finden. Aus diesem Grund eignen sich Spiegel am besten für Nischen oder zum Verkleiden nur einer Wand.

KOMBINATIONEN

Natürlich lassen sich die verschiedenen Wanddekorationen auch kombinieren. Bedenken Sie nur, dass ein Raum durch zu viele unterschiedliche Materialien unruhig wirken kann. Ein gut gewähltes Gespann hingegen, etwa eine halbhohe Täfelung und darüber eine dekorative Tapete, kann ausgesprochen attraktiv sein.

GEGENÜBER In diesem Bad wurde eine Wand mit einem gerahmten Spiegel verkleidet. So entsteht der Eindruck, hinter der Wanne befinde sich ein weiterer Raum.

UNTEN LINKS Preiswert und sehr gelungen ist diese Dekoration, für die drei Rechtecke aus einer interessanten, schwarz-weißen Tapete über dem Kopfende des Betts angebracht wurden.

UNTEN RECHTS Klassisch wirkt die Wand, die bis zur Scheuerleiste einfarbig gestrichen und darüber mit einer Mustertapete beklebt ist. Um den Look etwas zu modernisieren, wurden ungewöhnlich breite Leisten gewählt und farblich abgesetzt.

5

Bodenbeläge

Der Fußboden ist für das Ambiente ebenso wichtig wie die Farben und Textilien. Nur wenn er auf die anderen Elemente des Raums abgestimmt ist, entsteht ein harmonisches Gesamtbild.

Weil Bodenbeläge zu den teuersten Posten einer Renovierung zählen, ist es besonders wichtig, Fehler zu vermeiden. Neben praktischen Gesichtspunkten spielt natürlich auch das Aussehen eine Rolle. Aus diesem Grund müssen Farbe und Textur eines Bodenbelags ebenso beurteilt werden wie die Farben und Texturen von Stoffen, Anstrichen und Tapeten. Welchen Bodentyp Sie wählen, hängt hauptsächlich von der Funktion des Raumes ab. Im Flur herrscht viel Verkehr, hier ist also ein robusterer Belag notwendig als beispielsweise im Gästezimmer. Ein zweites wichtiges Kriterium ist die Reinigung. Unglasierte Terrakottafliesen mögen zwar in einer Küche hinreißend aussehen, bedenken Sie aber, dass es nicht gerade unkompliziert ist, sie regelmäßig zu säubern.

Teppich und Auslegeware

Gemütlich oder strapazierfähig – das ist die Frage! Teppiche vertragen weder nasse Schuhe noch starke Beanspruchung, aber dafür fühlen sie sich unter den Füßen angenehm warm und weich an.

Zweifellos ist Auslegeware eine besonders behagliche Lösung – und zweifellos ist es auch eine recht unpraktische. Es lohnt sich, genau darüber nachzudenken, wo ein Teppich wünschenswert und sinnvoll ist (beispielsweise im Schlafzimmer oder in einem kühlen Raum), und wo ein anderer Bodenbelag besser geeignet wäre.

TEPPICHE AUSWÄHLEN

Ehe Sie über die Textur nachdenken, wenden Sie sich der Farbe zu. Generell lassen helle Teppiche Räume größer wirken – allerdings fällt Schmutz auf sehr hellen Teppichen sofort auf. Ideal sind Mitteltöne wie Beige, Taupe, Grau oder helles Braun. Innenarchitekten wählen im Wohnzimmer den Teppich vorzugsweise einige Nuancen dunkler als die Polstermöbel. Im Schlafzimmer, wo der Teppich wenig strapaziert wird, könnte man sich einen hellen, zarten Farbton gönnen. Wer mit einer gewagteren Farbe liebäugelt, sollte sicher gehen, dass sie sich mit den Farben von Möbeln, Wänden und Textilien verträgt. Im Flur haben praktische Aspekte Vorrang, darum sind hier dunkle Teppiche – im Idealfall aus Wolle mit 20 % Nylon-Beimischung – sinnvoll. In Bad und Küche sind Teppiche generell fehl am Platz.

OBEN Der Treppenläufer in sanften Farben ist perfekt auf die anderen Elemente in diesem Raum abgestimmt.

LINKS Identische Auslegeware in zwei Farbtönen wurde in einem breiten Streifenmuster verlegt. Wie bei einer Täfelung können auch solche Effekte die Wahrnehmung der Raumproportionen beeinflussen.

GEGENÜBER In modern eingerichteten Räumen können Teppiche mit großen, grafischen Mustern sehr attraktiv aussehen.

VERSCHIEDENE TEPPICHTYPEN

Abhängig von der Herstellungsmethode unterscheidet man zwischen gewebten und getufteten Teppichen. Webteppiche sind besonders strapazierfähig, aber auch recht teuer. Aus England kommen berühmte Webteppiche. Axminster-Teppiche sind in verschiedenen dekorativen Mustern erhältlich, Wilton-Teppiche werden nur in fünf Farben hergestellt. Bei getufteten Teppichen sind die Fasern bündelweise im Untergrund verankert.

VELOURS Teppich mit kurzem, offenem Flor, der glatt und samtig aussieht und sich am besten für wenig strapazierte Bereiche eignet.

TWIST Teppich mit kurzem, offenem Flor aus überdrehtem, heiß fixiertem Garn. Wegen der leicht unebenen Oberfläche strapazierfähiger und pflegeleichter als Velours.

SCHLINGENWARE Teppich, dessen Oberfläche aus Garnschlingen besteht. Hat eine ansprechende Oberflächenstruktur und ist sehr strapazierfähig.

SAXONY Hochfloriger Tufting-Teppichboden, der sich vor allem für wenig benutzte Bereiche eignet, weil sich der Flor mit der Zeit flach tritt.

HOCHFLORTEPPICH Sammelbegriff für alle Teppiche mit einer Florlänge um 15 mm, die sich mit der Zeit flach tritt. In diese Kategorie fallen auch Zottelteppiche.

PFLEGE

Wer lange Freude an seinem Teppich haben will, sollte ein Produkt mit Scotchgard ®-Ausrüstung wählen. Zwar kann eine Imprägnierung auch nach dem Verlegen aufgebracht werden, doch der industrielle Schutz ist effektiver. Teppiche halten länger und brauchen weniger Pflege, wenn sie nicht mit Straßenschuhen betreten werden.

SISAL, SEEGRAS UND KOKOS

Diese rauen Naturfaserbeläge verbinden die lässige Ausstrahlung von Holz mit der Behaglichkeit eines Teppichs. Sie sind aber nicht sehr durabel und auch Flecken lassen sich nur schlecht entfernen. Eine gute Unterlage kann die Lebensdauer solcher Naturfaserbeläge wesentlich verlängern. Die Verwendung solcher Produkte für Treppen ist unter Fachleuten umstritten.

GEGENÜBER Naturfaser-Bodenbeläge wie Sisal, Seegras oder Kokos sind recht praktisch und passen gleichermaßen gut zu modernen und zu traditionellen Einrichtungen.

Holz

Holzböden mögen chic und luxuriös aussehen, doch in manchen Räumen haben sie mehr Nachteile als Vorzüge. Die Kombination aus Holz und Teppich ist oft die beste Lösung.

Holzböden gibt es in zahllosen Varianten von bescheidenen, gestrichenen Dielen bis zu noblem, lackierten Hartholz wie Eiche oder Kirschbaum. Dazwischen liegt ein breites Spektrum, das auch Parkett und preiswertes Fertigparkett umfasst. Sicherlich ist Holz mit seiner interessanten Maserung und den warmen Farbtönen ein besonders attraktiver Bodenbelag. Es ist aber wesentlich lauter als Teppichboden. Vor allem in Mehrfamilienhäusern sollte man an die Nachbarn denken und Läufer auf den Boden legen. Auch für kleine Kinder, die krabbeln und auf dem Boden spielen, ist Holz nicht optimal. Wer sich für Holz entscheidet, muss darauf achten, dass seine Farbe zum Gesamtkonzept passt und mit den Tönen der Wände und Textilien im Raum harmoniert.

GEGENÜBER (OBEN) Holz und Laminat bereichert Räume durch seine Farbe und die Struktur der Maserung.
GEGENÜBER (UNTEN) Mit weiß gestrichenen Bodendielen wirkt jeder Raum frisch und luftig.
DIESE SEITE Der auf Hochglanz polierte Holzboden sieht in dieser geräumigen Wohnküche ausgesprochen elegant aus.

Keramikfliesen

Seit Jahrhunderten werden aus Ton preiswerte und pflegeleichte Bodenbeläge hergestellt. Noch heute werden praktische Bodenfliesen in modernen und klassischen Wohnungen gern verwendet.

GEGENÜBER Schlichte Tonfliesen und ein gestreifter Baumwollteppich – eine praktische und zugleich behagliche Lösung für dieses schlichte Schlafzimmer.
LINKS Diese Küche mit den hellen Keramik-Bodenfliesen wirkt hell und luftig. Der Nachteil von Fliesen in der Küche ist, dass empfindliche Gegenstände zerbrechen, wenn sie einmal herunterfallen.

Für Bereiche, die stark frequentiert werden oder Nässe und Schmutz ausgesetzt sind, bieten sich Keramikfliesen an. Sie sind die nahe liegende Wahl für Diele, Küche und Bad. Fällt allerdings einmal etwas herunter, geht es auf dem harten Boden höchstwahrscheinlich zu Bruch.

Besonders praktisch sind natürlich Keramikfliesen mit einer glatten Glasur, die wie Glas eine geschlossene Oberfläche hat. Unglasierte Fliesen müssen versiegelt werden, ehe sie mit Wasser in Berührung kommen dürfen. Rustikale Fliesen mit unebener Oberfläche und rauen Zementfugen sind schwieriger sauber zu halten als glatte Fliesen. Neben konventionellen Bodenfliesen werden auch Mosaikfliesen angeboten, die modern, aber auch sehr luxuriös aussehen können.

Stein

Ob Sie klassisch oder supermodern wohnen – ein Natursteinboden sieht immer luxuriös aus. Er hat aber, ähnlich wie ein Fliesenboden, auch seine Nachteile.

Naturstein ist ähnlich praktisch und strapazierfähig wie Keramikfliesen, aber teurer und schwieriger zu verlegen. Die beliebtesten Gesteinssorten sind Sandstein, Schiefer und Kalkstein. Alle werden mit verschiedenen Texturen angeboten – von glänzend polierter Oberfläche für sachlich-moderne Wohnungen bis zu rauen, rustikalen Qualitäten. Für eine authentische Altbau-Renovierung könnte man auch gebrauchte Bodenplatten in Betracht ziehen, die es beim Händler für historische Baumaterialien gibt. Ehe Sie sich entscheiden, sollten Sie sich auch andere Gesteinsarten ansehen, etwa Marmor und Travertin, der dem Kalkstein ähnlich ist. Auch Kompositmaterialien aus Gesteinsmehl und Bindemitteln können gut aussehen. Steinböden sind nicht ganz leicht sauber zu halten, poröse Gesteinstypen sollten vor der Benutzung unbedingt versiegelt werden. Bedenken Sie auch das enorme Gewicht von Stein. Im Obergeschoss kann ein Steinboden nur verlegt werden, wenn die Decke des Erdgeschosses ausreichend tragfähig ist. Dass Glas und Geschirr beim Sturz auf Stein zu Bruch geht, versteht sich von selbst.

GEGENÜBER Große Steinplatten können in schlichten, modernen Wohnungen sehr elegant aussehen. **UNTEN** Die traditionelle Küche bekommt durch den Schieferboden eine ungewöhnliche Ausstrahlung. Damit ein stimmiges Gesamtbild entsteht, wurden dazu Arbeitsplatten aus Granit gewählt.

Vinyl & Linoleum

Vinyl und Linoleum sind nicht nur ungemein praktisch, sie werden obendrein in einer enormen Vielfalt von Farben und Mustern angeboten.

Wer viel Auswahl sucht und wenig bezahlen will, sollte sich bei Vinyl und Linoleum umsehen. Die beiden Materialien werden oft verwechselt. Vinyl ist ein rein synthetisches Produkt, während Linoleum aus einer Mischung aus Leinöl und Holzmehl besteht, das auf eine Trägerschicht aus Sackleinen gepresst wird. Linoleum ist leicht marmoriert und wird in vielen Farben angeboten, die man auch zu komplexen Mustern kombinieren kann. Es hält länger als Synthetikbeläge und bekommt, wie viele Naturprodukte, mit der Zeit eine schöne Patina. Vinyl ist praktisch, aber nicht sehr anglebig. Recht neu im Handel sind hochwertige Vinylbeläge, die Naturmaterialien wie Holz oder Stein verblüffend ähnlich sehen.

OBEN Ein schwarz-weißes Schachbrettmuster aus praktischem Vinyl oder Linoleum sieht in Bad, Küche oder Flur interessant aus. Wer den Kontrast zu krass findet, kann statt Weiß natürlich auch einen sanfteren Farbton wählen.

Metall, Gummi, Glas & Kork

Lassen Sie bei der Wahl des Bodenbelags nicht die neuen, unkonventionellen Materialien außer Acht, die vor allem in Bad und Küche praktisch und sehr chic sind.

In letzter Zeit sind einige neue Bodenbeläge auf den Markt gekommen, die sich vor allem für moderne Wohnungen gut eignen. Gummi sieht nicht nur edel aus, es ist auch ungemein praktisch und leicht zu reinigen. Daher eignet es sich vor allem für die Küche und das Kinderzimmer. Metall und Sicherheitsglas sind eine gute Wahl für alle, die den Industriestil mögen. Auch Korkbeläge – vor allem Typen mit auflaminierten Fotodrucken – finden immer mehr Anhänger.

BODENBELÄGE KOMBINIEREN

Weil der Fußboden in jeder Wohnung ganz unterschiedlich strapaziert wird, werden an den Belag verschiedene Ansprüche gestellt. Wer mehrere Bodenbeläge kombiniert, sollte bedenken, dass sie unruhig wirken können, wenn man sie gemeinsam sieht, etwa eine Kombination aus Holzboden im Flur, Treppenläufer und Teppich im Wohnbereich. Darum sollte man sich für einen durchgehenden Holzboden entscheiden und dort Läufer auslegen, wo es notwendig ist. Diese Lösung ist tatsächlich ein guter Kompromiss.

OBEN In diesem modernen Schlafzimmer mit angrenzendem Bad wurde ein strukturierter Gummiboden gewählt, der sehr praktisch ist und attraktiv aussieht. Gerade in offen gestalteten Wohnungen kann es sinnvoll sein, die verschiedenen Zonen durch einen subtilen Wechsel des Bodenbelags zu kennzeichnen.
LINKS Dezent und edel sieht das Schachbrettmuster aus glänzenden und matten Fliesen aus, das hier das Bindeglied zwischen Schlafzimmer und Bad bildet.

6

Stoffe & Polstermöbel

Perfekt wirkt ein Zimmer oft erst durch die gekonnte Kombination von Textilien. Wie bei allen Aspekten der Raumgestaltung geht es auch hier nicht ohne ausgiebige Planung und einige Experimente.

Wer meint, dass eine Farbkarte verwirrend ist, sollte einmal einen Tag mit der Auswahl eines Stoffs zubringen. Stoffe gibt es nicht nur in unglaublich vielen Farben. Auch die Auswahl der Muster und Texturen ist verwirrend groß. Da gibt es Unis und Streifen, bildhafte und geometrische Muster, große und kleine Blumen, Baumwolle, Wolle und noch viel mehr. Obendrein wächst das Angebot des Fachhandels ständig, weil die großen Hersteller mindestens zweimal im Jahr neue Kollektionen auf den Markt bringen.

Stoffe auswählen

Stoffe sind ein ideales Gestaltungsmittel, das Muster, Farben oder Textur einbringen kann – ob Sie nun ein einzelnes Möbelstück oder einen ganzen Raum verwandeln wollen.

Wer auszieht, einen Stoff zu kaufen, sollte bereits eine Vorstellung des geplanten Stils haben, um gezielt suchen zu können. Anregungen können Fotos von Stoffen verschiedener Typen und Stilrichtungen geben. Selbst vage Vorgaben wie „geblümt" oder „grafisch" helfen bei der zielstrebigen Suche. Schauen Sie sich möglichst in der Ausstellung eines Stoffherstellers um, denn in einem Einzelhandelsgeschäft ist das Angebot durch die Vorauswahl des Einkäufers beschränkt. Um die Auswahl zu vereinfachen, sammeln Sie möglichst viele Stoffmuster. Manchmal kann man sie gleich mitnehmen, manchmal bekommt man sie auch zugeschickt. Größere Muster kann man vielfach gegen Hinterlegung eines Pfandes ausleihen. Nicht alle Hersteller verkaufen direkt an Endkunden, doch sie können Adressen von Einzelhändlern in Ihrer Nähe nennen.

Sehen Sie sich möglichst große Muster in Ihren vier Wänden an. Sie vermitteln einen viel besseren Eindruck vom Charakter eines Stoffes und erlauben auch, Aspekte wie den Fall zu beurteilen. Leichte Baumwollstoffe sind weich und duftig, doch schwere Stoffe wie Wolle fallen eleganter und besitzen eine bessere Isolierwirkung. Manche dicken Wollstoffe brauchen nicht einmal gefüttert zu werden. Mittlere und leichte Stoffe eignen sich besser für aufwändigere Fensterdekorationen mit Querbehängen und Raffungen.

Das Gewicht eines Vorhangstoffes wirkt sich aber nicht nur auf den Fall aus, sondern auch auf das Licht, das er in den Raum lässt. Wer Stoff für Polsterbezüge sucht, sollte sie auf die entsprechenden Möbel legen und an Ort und Stelle beurteilen. Und ist ein Stoff sowohl für Polster als auch für Vorhänge vorgesehen, muss er bei Tages- und Kunstlicht begutachtet werden.

Beim Kauf von Polsterstoffen sollten Sie sich eingehend nach der Strapazierfähigkeit erkundigen. Wichtig sind natürlich die Abrieb- und Reißfestigkeit, aber auch die Neigung zu Pilling. In sonnigen Räumen sollte der Stoff besonders lichtecht sein, damit er nicht zu schnell verblasst. Lose Bezüge sollten waschbar sein und nicht einlaufen.

GEGENÜBER Einfache Stuhlkissen mit kleinen Rüschen können als Auflockerung eines Raums schon genügen. Hübsch ist dazu die Gardine in zwei passenden Farben.

UNTEN Mit einer losen Husse lässt sich fast jedes Polstermöbel einem neu gestalteten Raum anpassen. Überlegen Sie bei der Auswahl des Stoffes, wie häufig das Möbel benutzt wird. Für Sessel, auf denen nur gelegentlich jemand Platz nimmt, ist auch ein heller, leichter Stoff geeignet.

Zum Beziehen von Sofas und Sesseln sind gemusterte Stoffe günstiger als einfarbige, weil Abdrücke und Falten auf ihnen weniger auffallen. Auf Unistoffen sind Gebrauchsspuren schneller zu sehen.

ETIKETTEN LESEN

Das Etikett eines Stoffmusters enthält wichtige Informationen, darunter die Webbreite, den Rapport und manchmal Angaben zur Strapazierfestigkeit. Die gängige Stoffbreite liegt bei 140 cm, doch es gibt auch Sondermaße bis 3 m Breite. Solche Überbreiten sind ideal für nahtlose Vorhänge und für Tagesdecken. Als Rapport bezeichnet man die Länge eines kompletten Musters. Diese Angabe ist zur Berechnung des Materialbedarfs wichtig. Die Strapazierbeständigkeit ist entscheidend für die Verwendung des Stoffes. Ist sie gering, eignet sich der Stoff nur zur Dekoration oder für sehr schwache Beanspruchung.

MASSNEHMEN FÜR VORHÄNGE

Messen Sie zuerst die Fensterbreite aus und addieren Sie den Überstand der Stangen auf beiden Seiten. Je breiter das Fenster ist, desto größer sollte der Überstand sein. Für einen gekräuselten Vorhang multiplizieren Sie diesen Wert mit 2,25. Ist ein Schlaufenvorhang vorgesehen, wird das Maß mit 1,5 multipliziert. Addieren Sie außerdem Zugaben für die seitlichen Säume und eventuelle Nähte. Dieses Maß teilen Sie durch die

OBEN Dieser edle Stoff mit dem seidigen Glanz und den zierlichen Fransenstreifen eignet sich ausgezeichnet für ein formales Ess- oder Wohnzimmer, in dem ein dramatischer Akzent gewünscht ist.
LINKS Ein Blümchenstoff mit kariertem Futter passt gut in eine ländliche Küche.
GEGENÜBER Mit der einfachen Husse sieht der Esszimmerstuhl gleich ganz anders aus.

Webbreite des Stoffes, um die Anzahl der benötigten Stoffbahnen für die gesamte Breite zu errechnen.

Das Ergebnis wird auf die nächste ganze Zahl aufgerundet. Dann messen Sie die vorgesehene Länge der Vorhänge aus und geben mindestens 25 cm für die oberen und unteren Säume zu. Bei gemusterten Stoffen muss außerdem die Rapportlänge zugegeben werden. Zum Schluss multiplizieren Sie die Anzahl der benötigten Bahnen mit der Länge (einschließlich der Zugaben), um den Gesamtbedarf zu errechnen.

STICKEREISTOFFE

Der Klassiker des englischen Landhausstils ist Stoff mit Krüwellstickerei – Motiven in Kettenstich auf einfarbigem, meist cremeweißem Grund. Traditionell war die Stickerei mehrfarbig, in letzter Zeit kommen jedoch zunehmend schlichtere Stoffe in nur einer oder zwei Farben auf den Markt, die sich für eine ruhigere Gestaltung empfehlen und auch in zeitgemäßen Wohnungen gut aussehen können.

DÜNNE BAUMWOLLSTOFFE

Baumwollstoffe gibt es in vielen Qualitäten von leichtem Musselin bis zu schwerem Drell und Köper. Dünne Baumwolle ist für die Raumdekoration nur bedingt einsetzbar, weil sie weder strapazierfähig ist noch eine gute Isolierungswirkung besitzt. In traditionell eingerichteten Räumen ist allerdings Chintz, ein bedrucktes Baumwollgewebe mit glänzender Oberfläche, für Kissen und Vorhänge beliebt.

DICKE BAUMWOLLSTOFFE

Dicke Baumwolle ist eine preiswerte Alternative zu Wolle und Leinen. Manche Qualitäten mit Streifenmuster erinnern an Gebrauchsstoffe wie Matratzendrell. Sie sind strapazierfähig und praktisch und eignen sich für Vorhänge und Polsterbezüge gleichermaßen.

DAMAST

Dieser klassische Stoff kann aus Seide, Wolle, Leinen, Baumwolle oder Synthetik bestehen und hat ein eingewebtes Muster, das meist Blumen-, Tier- oder Fruchtmotive zeigt.

LEINEN

Dieser Stoff liegt seit einigen Jahren wieder sehr im Trend. Er hat eine schöne Textur und fühlt sich sehr angenehm an. Mit der Zeit erhält er eine lässige, zwanglose Ausstrahlung, die ihn grundlegend von förmlicheren Wollstoffen unterscheidet. Leinen eignet sich gut für einfarbige Elemente, weil er wegen seiner schönen Textur niemals streng oder langweilig aussieht. Wird Leinen gefärbt, entstehen entweder zarte Pastelltöne oder sehr kräftige, gesättigte Töne, die vor allem in Rot und Braun sehr behaglich wirken. Viele Designer ziehen einfarbiges Leinen vor. Es gibt allerdings

auch sehr schöne, schlichte, grafische oder florale Drucke auf naturweißem oder gelblichem Grund.

STOFFE ABFÜTTERN

Vorhänge und Rollos sollten auf der dem Fenster zugewandten Seite abgefüttert werden. Als Futter verwendet man meist einfarbigen, naturfarbenen Stoff. In klassischen Interieurs werden gelegentlich auch Futterstoffe mit einem dezenten grafischen Muster gewählt.

SEIDE

Seide steuert mit ihrem edlen Glanz ein bisschen Eleganz und Glamour bei. Im Vergleich zu Baumwolle und Leinen ist Seide recht dünn, eignet sich aber gut für Vorhänge, Rollos und Accessoires, die nicht strapaziert werden.

Seide ist recht teuer. Man könnte sie aber mit anderen, preisgünstigeren Stoffen wie Samt und hochwertigem Leinen kombinieren und für kleine Elemente wie die Bezüge von Hockern und Kissen verwenden, um der Raumgestaltung eine diskrete Nuance von Luxus zu geben.

SAMT, CHENILLE UND VELOURS

Wer eine streichelweiche Oberfläche sucht, ist mit Seiden- oder Baumwollsamt gut beraten. Diese Stoffe sind teuer, doch es muss ja nicht gleich ein ganzer Ballen Stoff sein. Zwei edle Samtkissen können schon genügen, um ein Sofa aufzuwerten.

Chenille sieht ähnlich aus, fühlt sich aber nicht so schön an – und ist dafür erheblich preiswerter. Einfarbigen und bedruckten Velours gibt es auch in relativ preiswerten Synthetik-Qualitäten, die nicht sonderlich strapazierfähig sind, sich aber für wärmende Vorhänge durchaus eignen.

VOILE, ORGANZA UND MUSSELIN

Diese dünnen, halbtransparenten Stoffe eignen sich für Gardinen und Rollos, die etwas Sichtschutz bieten sollen, ohne den Raum abzudunkeln. Einen Vorhang aus Wolle, Baumwolle oder Leinen können sie allerdings nicht ersetzten. Vielfach werden leichte, transparente Gardinen mit dickeren, undurchsichtigen Vorhängen kombiniert. Voile und andere Gardinenstoffe sind meist einfarbig, es gibt aber auch Qualitäten mit dezenten Mustern.

WOLLE

Wer einen langlebigen Stoff mit schöner Textur sucht, sollte Wolle wählen. Weil sie recht dick ist, eignet sie sich gut für Möbelbezüge. Vorhänge aus Wollstoffen haben einen eleganten Fall und eine sehr gute Isolierungswirkung.

OBEN LINKS Das Faltrollo und das Polster mit einheitlichem Streifenstoff machen aus der simplen Fensterbank einen hübschen Sitzplatz.
LINKS Vorhänge mit Kellerfalten sehen klassisch und „geschneidert" aus – genau richtig für dieses elegante Schlafzimmer.

DIESE SEITE Schlichte, halbtransparente Gardinen schützen vor fremden Blicken, dunkeln aber den Raum nicht ab. Im Idealfall sollte man sie mit konventionellen, undurchsichtigen Vorhängen kombinieren.

Polstermöbel und Fensterdekorationen

Die Schönheit von Polstermöbeln und Vorhängen beruht auf der Wahl und Kombination der Stoffe und auf der Liebe zum Detail bei der Verarbeitung.

Nachdem Sie Stoffe ausgewählt haben, müssen Sie entscheiden, welche Arten von Bezügen, Vorhängen, Rollos und Querbehängen zu Ihrem Stil passen. Oft machen erst die Details den Unterschied, etwa eine edle Borte auf dem Vorhang oder Kellerfalten am unteren Teil einer Sesselhusse. Weil Stoffe so viele Gestaltungsmöglichkeiten bieten, sollten Sie reichlich Ideen sammeln oder auf früher zusammengetragenes Material zurückgreifen.

SOFAS UND SESSEL

Bei Polstermöbeln unterscheidet man zwischen festen und losen Bezügen. Feste Bezüge lassen sich nicht vom Korpus des Möbels abnehmen, manchmal jedoch von den Sitz- und Rückenpolstern. Lose Bezüge, die man auch Hussen nennt, werden einfach über das ganze Möbelstück gezogen und lassen sich zum Waschen leicht abnehmen. Solche losen Bezüge haben zwar praktische Vorteile und sehen recht lässig aus, allerdings können sie auch leicht verrutschen und verknittern. Feste Polsterbezüge sehen generell etwas formeller und strenger aus.

DEKORATIONEN FÜRS BETT

Ein schlichtes Polsterbett sieht gleich viel luxuriöser aus, wenn es ein gepolstertes Kopfteil und einen Volant aus dem gleichen Stoff erhält. Strukturiertes Leinen oder edler Samt sind besonders stilvoll. In ein modernes Schlafzimmer passt eine schlichte Sockel-Verkleidung aus glattem Stoff besser als ein gekräuselter Volant.

VORHÄNGE

Der Stil der Vorhänge kann auf die Atmosphäre des Raums ebenso viel Einfluss haben wie Farbe und Muster des Stoffes. Die Bandbreite reicht von schlichten Vorhängen mit dezenten Details bis zu aufwändigen Draperien. Selbst ein einfacher Vorhang wirkt mit einem liebevoll gearbeiteten Faltenköpfchen gleich viel eleganter. Auch die Vorhangstile des 18. und 19. Jahrhunderts erleben ein Comeback.

GEGENÜBER Der Vorhang aus besticktem Stoff mit der Rüschenborte wirkt in diesem relativ schlichten, neutralen Raum ausgesprochen dekorativ.
RECHTS Stoffe mit verschiedenen Farben, Texturen und Mustern können überraschend gut miteinander harmonieren.

Wer sie mag, sollte jedoch Seide, Damast oder anderen einfarbigen Stoff mit dezenter Oberflächentextur wählen, damit sie nicht zu pompös wirken. Die Stoffqualität bestimmt den Fall eines Vorhangs, den Sie vor dem Kauf begutachten sollten. Preiswerte, schlichte Vorhänge kann man mit Bändern und Borten sehr schön „veredeln“. Und wer sich klassisch einrichtet, sollte auch über Vorhangstangen mit aufwändig gearbeiteten Endstücken nachdenken.

ROLLOS UND JALOUSIEN

Rollos und Jalousien sind unauffälliger als Vorhänge, allerdings isolieren sie nicht so gut gegen Licht, Lärm, Wärme und Kälte. Es gibt verschiedene Typen von Stoffrollos. Besonders praktisch und für alle Räume geeignet sind Faltrollos mit Stangen, die in eingenähte Tunnel geschoben sind und dafür sorgen, dass sich der Stoff beim Hochziehen in gleichmäßige Falten legt. Mit Borten und Bändern kann man sie dezent verzieren.

GARDINENBRETTER

Wer die Gardinenstange verstecken will, kann ein Gardinenbrett anbringen und mit Vorhangstoff beziehen. Attraktiv sind Bretter mit profilierter Unterkante, die man zusätzlich mit einer aufgeklebten Borte verzieren kann.

DIESE SEITE In diesem Raum ganz in Weiß sorgen rote Akzente für Aufsehen. Die Vorhänge haben Einfassungen aus rotem Blumenstoff, mit dem auch Kissen und Bank bezogen sind. Borten an den Sesselhussen greifen den Farbton auf.

UNTEN LINKS Auf Sesseln mit geblümten Bezügen kann ein eckiges Kissen in einer passenden Farbe als Blickfang dienen.

7

Wohnbeispiele

Starre Regeln gibt es für die Raumgestaltung nicht. Schließlich ist es ein kreativer Vorgang – und das bedeutet ohnehin, Regeln zu brechen. Hinzu kommt, dass jeder Raum spezielle Vorgaben macht. Rollos mögen für ungewöhnlich geformte Fenster im Wohnzimmer die richtige Lösung sein, aber nicht für ein Schlafzimmer, vor dessen Fenster eine Straßenlaterne steht. Terrakottafliesen mögen in der Diele schön aussehen, für die Küche eignet sich aber ein weicheres Material wie Gummi oder Linoleum besser, auf dem ein herunterfallender Teller nicht gleich in Scherben geht. Schummerlicht mag im Fernsehzimmer gemütlich wirken, in der Küche braucht man jedoch helles Arbeitslicht. Aus solchen Gründen müssen bei jeder Renovierung die Gegebenheiten des Raums berücksichtigt werden, denn sie haben entscheidenden Einfluss auf die Wahl von Farben, Beleuchtung und Ausstattung.

Diele, Flur & Treppe

Auch aus diesen Stiefkindern der Raumgestalter lässt sich eine Menge machen!

Diese Durchgangsbereiche stehen auf der Prioritätenliste beim Renovieren weit unten, dabei haben sie eine wichtige Funktion: Sie vermitteln den ersten Eindruck eines Hauses oder Zimmers, zu dem sie führen. Zur Gestaltung von Fluren gibt es drei bewährte Ansätze. Man kann sie ganz schlicht lassen und nur kunstvoll ausleuchten. Man kann sie dezent mit Spiegeln und Wandlampen dekorieren – und man kann sie als Bildergalerie nutzen.

BITTE BEDENKEN

* Konsolen mit Tischlampen sehen gut aus, Wandlampen erlauben aber eine bessere Raumausnutzung.
* Die Wahl der Wandfarben sollte den Bezug zu angrenzenden Räumen herstellen.
* „Toter“ Raum lässt sich oft durch Einbauschränke gut nutzen.

GEGENÜBER Die klassische Diele mit Treppe wirkt durch die mutige Farbgebung, den gestreiften Treppenläufer und die weiß gestrichenen Dielen frisch und modern.

UNTEN Die Kombination aus Streifentapete, kariertem Polsterbezug und sanfter Farbe vermittelt das Gefühl, sich in einem historischen Haus zu befinden.

DIESE SEITE Naturstein ist ein praktischer Bodenbelag für Räume mit viel Durchgangsverkehr. Kalkstein passt in traditionelle und moderne Wohnungen gleichermaßen gut.

GRUNDRISS Viele Menschen betrachten Flure als toten Raum, dabei können sie durchaus Platz für Bücherregale, einen kleinen Esstisch oder einen Arbeitsplatz bieten. Wichtig ist allerdings, dass solche Elemente die Bewegungsfreiheit in der „Verkehrszone" nicht zu stark einschränken.

WÄNDE Orientieren Sie sich am Stil der benachbarten Räume. Haben Sie für die Wohnräume verschiedene Stilrichtungen gewählt, sollten die Flure neutral bleiben, um als visuelles Bindeglied zu fungieren. In einem dunklen Flur sind helle Farben kein Muss. Dunkle, satte Farben können bei Kunstlicht ausgesprochen reizvoll aussehen.

FENSTER Rollos wirken sehr diskret und lassen, wenn sie hochgezogen sind, viel Licht in den Raum. Vorhänge hingegen sorgen für gute Isolierung. Wer es gern hell und luftig hat, sollte überlegen, ob sich ein Platz für ein Oberlicht finden lässt.

BELEUCHTUNG Wand- und Deckenlampen haben gegenüber Tischlampen viele Vorteile. Zu einem schlichten, sachlichen Stil passen Halogenstrahler, die in der Decke eingelassen sind. Wandlampen sind dekorativer.

BODENBELAG Die praktischste Lösung für Durchgangsbereiche ist eine Kombination aus Hartboden wie Holz oder Stein mit Läufern. Holzböden ohne Läufer sind sehr laut. Naturfaserbeläge halten länger, wenn man sie auf einer speziellen Unterlage verlegen lässt.

OBEN Durch die sparsame Möblierung wirkt dieser Treppenabsatz sehr hell und luftig. In solchen Bereichen kann man auf Vorhänge oder Rollos oft ganz verzichten.

OBEN LINKS Die Sammlung edler venezianischer Spiegel reflektiert das Licht und lässt die Treppe hell wirken, obwohl hier gar kein Fenster vorhanden ist.

DIESE SEITE Mit der Gestaltung in sanftem Grau und Naturweiß mit kleinen Details in Gold wirkt dieser Raum klassisch und dabei verblüffend frisch und jugendlich.
GEGENÜBER Der Raum ganz in Weiß wird durch die wilde Mischung von Mustern auf witzige Weise aufgelockert.

Wohnzimmer

Ob Familientreffpunkt oder formaler „Salon“ – die Kunst liegt in der Planung.

Der Stil eines Wohnzimmers wird durch seine Nutzung bestimmt. Ein Wohnzimmer kann formaler Empfangsraum, Arbeitszimmer und sogar Kinderzimmer sein. Wird der Raum nur gelegentlich genutzt, kann man eine auffallende oder unkonventionelle Gestaltung wagen. Ein Vielzweck-Wohnbereich dagegen sollte eher klar und modern sein, damit er seinen verschiedenen Funktionen gut gerecht werden kann.

BITTE BEDENKEN

* Versuchen Sie, die Einrichtung symmetrisch um einen Blickfang, etwa einen Kamin, aufzubauen.
* In einem offenen Mehrzweck-Wohnraum können die verschiedenen Zonen, z. B. Arbeits- und Essbereich, durch Teppiche markiert werden.
* Wer einen strengen, schlichten Stil mag, sollte alles aus dem Raum verbannen, was dort nicht ständig benutzt wird.
* Eine gute Kombination verschiedener Lichtquellen ist unerlässlich.

GEGENÜBER Trotz der verschiedenen Muster – Karos, Unis und Streifen – wirkt dieses Wohnzimmer durch die sorgfältig aufeinander abgestimmten Farben sehr ausgewogen.
UNTEN Ruhiges Weiß wirkt ausgleichend auf die kühlen Farben dieses Raums.

GRUNDRISS Die Planung der Wohnzimmer-Aufteilung verlangt fast so viel Überlegung wie die Küchenplanung. Zeichnen Sie einen maßstabsgetreuen Grundriss und schneiden Sie Schablonen der wichtigsten Möbelstücke aus, um sicher zu gehen, dass der Platz optimal genutzt wird. Besonders gut muss die Aufteilung offener Räume mit verschiedenen Funktionsbereichen durchdacht sein. Durch die Anordnung der Möbel, aber auch mit Teppichen lassen sich die Bereiche zum Essen, Entspannen, Fernsehen oder Arbeiten gliedern. Normalerweise arrangiert man den Sitzbereich um einen zentralen Blickfang, etwa einen Kamin. Viele Innenarchitekten schwören auf eine symmetrische Anordnung, meist gibt aber der Raum selbst die Stellmöglichkeiten für die Möbel vor. Wenn wenig Platz vorhanden ist, sollte man auf Kleinmöbel wie Beistelltische und Zeitschriftenstände verzichten. Selbst wenn die Möbel nicht symmetrisch stehen, lässt sich durch Accessoires, etwa ein Paar hoher Leuchter beiderseits des Kamins, ein Eindruck von Symmetrie vermitteln. Bringen Sie im Raum möglichst nur die Dinge unter, die dort ständig benutzt werden (beispielsweise Fernseher und Stereoanlage). Für selten gebrauchte Gegenstände lässt sich woanders Platz schaffen. Je weniger Unnötiges Sie ins Wohnzimmer zwängen, desto leichter wird es gelingen, einen zweckmäßigen und dabei entspannenden und ansprechenden Raum zu gestalten.

FENSTER Gut isolierte Vorhänge oder Rollos sind wichtig, um im Wohnzimmer eine entspannte Atmosphäre zu schaffen. Liegt das Grundstück aber in einer ruhigen Gegend ohne störende Straßenlaternen vor den Fenstern, könnte man auf kostspielige, dichte Vorhänge auch verzichten. Je nach Einrichtungsstil wären auch Lamellen-Fensterläden oder andere Fensterdekorationen denkbar.

WÄNDE Wenn Sie – wie viele Menschen – die Wände ihres Wohnzimmers als eine Art Kunstgalerie betrachten, sollten Sie bedenken, dass Bilder sehr dominant wirken können, sofern sie nicht ausgesprochen schlicht sind. Um dem entgegen zu wirken, könnte man einheitliche Rahmen verwenden und eine streng geordnete Anordnung der Bilder wählen. Wände, an denen Bilder hängen.

sollten in dezenten Farben gehalten sein. Tapeten mit auffälligen Mustern sind unvorteilhaft. Möglich wäre aber auch, die Bilder mit Ausnahme einiger handverlesener Exemplare in einen anderen Bereich zu hängen, beispielsweise den Flur. Wer gemusterte Tapeten in Betracht zieht, sollte bedenken, dass man im Wohnzimmer recht viel Zeit verbringt und einer allzu auffälligen Dekoration schnell überdrüssig werden könnte. Auf diskrete Weise lebendig oder luxuriös wirkt beispielsweise ein Effektanstrich oder eine Strukturtapete.

LINKS Durch geschickte Farbwahl lassen sich auch moderne Möbel in einen klassisch eingerichteten Raum integrieren.
UNTEN Die traditionellen Stoffe geben diesem Wohnzimmer im Country-Stil eine französische Note.
GEGENÜBER Ein minimalistischer Stil gelingt nur mit ausreichend Stauraum.

BELEUCHTUNG In einem Wohnzimmer mit mehreren Funktionen ist es wichtig, verschiedene Lichtquellen zu schaffen. Ideal ist eine Kombination aus sanftem Stimmungslicht und hellem Deckenlicht zum Saubermachen. Dimmer machen die Beleuchtung noch flexibler. Die klassische Lösung besteht darin, eine Pendellampe mit Tisch- oder Stehlampen zu kombinieren, doch diese Variante ist nicht immer günstig, denn Tischlampen erfordern Tische, auf die man lieber verzichten würde. Außerdem kann eine Hängelampe recht auffällig wirken und vor allem in sachlich-modernen Räumen eher stören. In diesem Fall wäre eine Kombination aus Stehlampen und in der Decke versenkten Halogenstrahlern passender. Auch Wandlampen sind in manchen Fällen praktisch.

BODENBELAG Die Wahl hängt allein davon ab, wie stark der Raum strapaziert wird. Für ein formales Wohnzimmer, das nur gelegentlich benutzt wird, können Sie jeden Belag verwenden, der zum Stil passt. Wird der Raum aber täglich von mehreren Personen benutzt, ist ein robuster Bodenbelag erforderlich.

STAURAUM Sinnvoll ist, den Stauraum im Wohnbereich auf das Wesentliche zu beschränken. Manche Menschen verstecken Fernseher und Stereoanlage lieber, doch wenn das Design ansprechend ist, können solche Geräte in einer modernen Wohnung durchaus stimmig wirken. Wichtig ist aber, dass ausreichend Steckdosen vorhanden sind und dass die Kabel unauffällig geführt werden. Wer minimalistisch wohnen möchte, kann CD-Player, Verstärker und andere größere Geräte natürlich verbergen, beispielsweise in einer Einbauwand mit Schranktüren im unteren und Bücherregalen im oberen Bereich. Ein Fernseher ist schwieriger zu verstecken. Neben dem klassischen Fernsehschrank bietet sich auch ein antiker Wäscheschrank als Tarnung für die moderne Technik an.

Wichtige Details

Die Kunst bei der Gestaltung eines Wohnraums besteht darin, Möbel und Accessoires verschiedener Stilrichtungen durch ein gemeinsames Farbthema zu einem Ganzen werden zu lassen. In diesem Fall heben sich die dekorativen Elemente vor dem schlichten, rohweißen Hintergrund perfekt ab.

WÄNDE Der Vorteil eines ruhigen Hintergrunds ist, dass er mit anderen Elementen wie diesem abstrakten Acrylbild nicht konkurriert.

ACCESSOIRES Kleinere Dekorationen in wiederkehrenden Farben schlagen optische Brücken zwischen den größeren Elementen. Denkbar sind Accessoires aus Glas und Keramik, aber auch Sofakissen.

MÖBEL Die zarte Farbe und die natürliche, an Zweigen orientierte Form des Tisches ist dekorativ, aber nicht aufdringlich, und fügt sich gut ins Gesamtbild ein.

FARBE Durch die Kombination verschiedener Blautöne mit Neutralfarben und Weiß wirkt die Einrichtung sehr ausgewogen.

TEXTUR Der Sessel bringt weichen Velours und raues Leinen auf ungewöhnliche, aber gelungene Weise in Einklang.

MUSTER Die Kombination aus modernen, grafischen Stoffen mit klassischen Mustern ist erfolgreich, weil die Farben gut abgestimmt sind.

MÖBEL Mit einem schlichten, einfarbigen Bezug sehen auch klassische Sofas zeitgemäß aus und harmonieren gut mit dem modernen Couchtisch.

STOFFE Für Behaglichkeit sorgen die Kissen und Decken, deren sorgfältig abgestimmte Farben sich vor dem neutralen Hintergrund gut abheben.

BODENBELAG Teppiche mit zwei verschiedenen Texturen sorgen für Abwechslung.

Küchen

Eine Küche muss verschiedene Funktionen erfüllen – von der Zubereitung des Essens bis zur Bewirtung von Gästen.

In keinem Zimmer der Wohnung wird die Gestaltung so sehr von der Raumgröße bestimmt wie in der Küche. Aus diesem Grund geht es modernen Küchendesignern immer vorrangig um die optimale Platzausnutzung, damit in der Küche verschiedene Aktivitäten stattfinden können, darunter die Zubereitung von Mahlzeiten, das Bewirten von Gästen und manchmal auch andere Tätigkeiten vom Arbeiten bis zum Erholen. Natürlich könnte man eine Küche auch vergrößern, etwa indem man eine Wand zum Nachbarraum durchbricht oder einen Anbau, vielleicht einen Wintergarten, schafft. Wenn das Budget solche teuren Lösungen nicht erlaubt, lässt sich auch auf andere Weise Platz gewinnen. Denkbar wäre, Großgeräte wie Waschmaschine und Tiefkühler in einen Abstellraum auszulagern und dort auch gleich Regale für selten benutzte Küchenutensilien zu montieren.

Sie sollten sich aber bewusst machen, dass die Küchengestaltung mit schmalem Budget immer Kompromisse verlangt und man finanzielle, praktische und ästhetische Gesichtspunkte sehr genau abwägen muss.

BITTE BEDENKEN

- Achten Sie auf gute Bewegungsfreiheit zwischen Arbeitsflächen, Stauraum und Essplatz.
- Der beste Platz für die Spüle ist unter einem Fenster.
- Verzichten Sie in einer großen Küche auf Hängeschränke, denn sie nehmen dem Raum seine optische Weite.

RECHTS In dieser Küche mit kühlen Neutralfarben, reichlich Tageslicht und guter Platzausnutzung kann man gut arbeiten, aber auch mit Freunden beisammensitzen.

GEGENÜBER (VON OBEN LINKS IM UHRZEIGERSINN) Die Einrichtung in Schwarz und leuchtendem Rot wirkt lebhaft und modern. In einer großen Küche bietet eine Insel reichlich Arbeitsfläche und Stauraum. Ein kleiner Essplatz sollte auch in einer kleinen Küche nicht fehlen. Die Küche mit den neutralfarbigen Fronten im Shaker-Stil wirkt sehr ruhig.

GRUNDRISS Ob groß oder klein, die Gestaltung einer Küche fällt mit dem so genannten Arbeitsdreieck zwischen Zubereitungsbereich, Vorratsbereich und Essplatz mit den zugehörigen Arbeitsflächen, Schränken und Geräten. Im Idealfall liegt die Summe aller Dreiecksseiten zwischen 3,6 und 6 Metern. Ein „Verkehrsweg" sollte möglichst nicht durch dieses Dreieck laufen, weil er die Effizienz der Arbeits- und Bewegungsabläufe stören würde.

Bei der Aufteilung unterscheidet man vier Haupttypen:

ZEILENFORM Ein- oder zweizeilige Küchen eignen sich für lange, schmale Räume. In einer zweizeiligen Küche sollte der „Korridor" in der Mitte mindestens 1,20 Meter breit sein. Reicht der Platz nicht aus, sollten Sie Arbeitsflächen und Geräte nur an einer Wand vorsehen.

L-FORM Die Anordnung von Geräten und Arbeitsflächen im Winkel lässt sich in vielen Räumen verwirklichen.

U-FORM Eine sehr praktische Anordnung, weil alle Flächen, Geräte und Schränke leicht erreichbar sind. Der Abstand zwischen den Längsseiten sollte mindestens 1,20 Meter betragen.

KÜCHENINSEL In sehr großen Küchen ist eine Insel praktisch, weil sie von allen Seiten zugänglich ist und zum geselligen Kochen einlädt. Wer Geräte oder eine Spüle in die Insel einbauen möchte, sollte bedenken, dass dann auch entsprechende Wasser- oder Stromanschlüsse gelegt werden müssen.

TRESEN Diese Lösung eignet sich auch für kleinere Küchen und verbindet die Vorteile einer konventionellen Küche mit denen einer Insel.

FENSTER Denken Sie bei der Planung daran, die Spüle möglichst unter dem Fenster zu platzieren, weil eine schöne Aussicht beim Abwasch besonders willkommen ist. Die Fensterdekoration sollte immer dem zweckmäßigen Charakter einer Küche entsprechen. Rollos und Jalousien nehmen wenig Stoff ein und könnten auch aus Wachstuch bestehen, das man feucht abwischen kann.

WÄNDE Auch bei der Wandgestaltung steht die Zweckmäßigkeit im Vordergrund. Als Spritzschutz über Arbeitsflächen haben sich Fliesen bewährt, aber auch moderne Lösungen wie Glas oder Edelstahl. Im übrigen Raum sind auch andere Wanddekorationen möglich. Denken Sie aber daran, dass beim Rücken von Küchenstühlen die Wände schnell Schrammen bekommen. Abhilfe könnte eine Scheuerleiste schaffen, die auf Höhe der Stuhllehnen an der Wand befestigt wird.

BELEUCHTUNG Die Beleuchtung muss auf die verschiedenen Aktivitäten zugeschnitten sein, die in der Küche stattfinden. Im Arbeitsbereich braucht man helles Licht, im Idealfall von Leuchtstoffröhren, die blendfrei unter den Hängeschränken montiert sind. Sind keine Hängeschränke vorhanden, bieten sich verstellbare Halogen-Deckenstrahler an, die sehr klares Licht geben. Je nach Aufteilung der Küche ist eventuell auch ein Deckenlicht beim Saubermachen hilfreich.

BREAD

LINKS Offene Regale mit hellem Anstrich wirken luftig und sind ein übersichtlicher Aufbewahrungsplatz für Geschirr.
UNTEN LINKS Diese moderne Kompaktküche wurde an einer Wand des Wohnraums eines kleinen Appartements eingebaut.
GEGENÜBER Hartholz findet wegen seiner schönen Farbe und Maserung auch in der Küche wieder mehr Anhänger.

Und ist ein Essplatz vorhanden, sollte für sanfteres Stimmungslicht zum entspannten Zusammensitzen gesorgt sein. Zum Essen in der Küche sollte sich das helle Funktionslicht im Arbeitsbereich im Interesse der Atmosphäre ausschalten lassen.

FUSSBODEN Auch beim Küchenfußboden steht die Zweckmäßigkeit im Vordergrund. Natürlich soll der Bodenbelag ansprechend aussehen und zur Küche passen, wichtiger ist aber, dass er wasserfest und leicht zu reinigen ist. Und natürlich spielt die Nutzung der Küche eine Rolle. Eine nur gelegentlich benutzte Singleküche muss nicht so strapazierfähig sein wie eine Familienküche, in der täglich gekocht wird. Für Haushalte mit Haustieren sind Linoleum, Gummi oder Synthetikbeläge praktischer als Holz oder Naturstein.

STAURAUM Gerade in der Küche müssen viele Utensilien untergebracht werden, deshalb ist gut durchdachter Stauraum wichtig. Üblich ist eine Kombination aus Unter- und Hängeschränken. Eine ausgezeichnete Alternative ist ein großer, begehbarer Schrank, in dem man beispielsweise Kleingeräte oder Zutaten leichter findet als in mehreren Einzelschränken. Außerdem können Hängeschränke leicht beengend wirken – was sich mit einem begehbaren Schrank vermeiden lässt.

Wichtige Details

Die Küche muss nicht nur reichlich Arbeitsfläche bieten, sondern auch Stauraum und einen Platz für zwanglose Mahlzeiten. All das wurde in dieser Küche mit einer klaren, übersichtlichen Aufteilung umgesetzt, die trotzdem sehr behaglich wirkt. Wer sich bei der Planung reichlich Zeit nimmt, wird ähnlich gelungene Lösungen finden.

ARBEITSFLÄCHEN Die Kücheninsel nutzt den freien Mittelbereich und bietet sich zum geselligen Kochen an.

MÖBEL Der hohe Tisch ist praktisch für zwanglose Mahlzeiten. In den Schubladen unter der Tischplatte ist Platz für Utensilien.

STAURAUM Obwohl die Küche nicht ungewöhnlich groß ist, wirkt sie durch gut durchdachte Stauraumlösungen übersichtlich und einladend. Die geräumige, luftige Wirkung entsteht auch dadurch, dass auf Hängeschränke weitgehend verzichtet wurde.

MÖBEL Eine Truhenbank bietet diskreteren Stauraum als Hängeschränke, die oft sehr dominant wirken.

SPÜLE Wenn das Budget es erlaubt, planen Sie zwei Spülen ein: eine zum Abwaschen und eine zum Gemüseputzen.

STAURAUM Offene Regale sehen dekorativ aus, außerdem sind die dort untergebrachten Utensilien immer schnell zur Hand.

DIESE SEITE Die kühlen Farben und der formale Stil klassisch-schwedischer Interieurs bietet viele Anregungen für das Esszimmer. **GEGENÜBER** In offen gestalteten Wohnungen kann man den Essplatz entweder in der Küche oder – wie hier – im Wohnbereich unterbringen.

Esszimmer

Wandlungsfähigkeit mit ein bisschen Glamour – das sind die Zutaten für einen gelungenen Essplatz.

Viele Leute halten das formelle Esszimmer für überholt, zumal sich geräumige Wohnküchen immer mehr durchsetzen. Es scheint fast wie Verschwendung, einen ganzen Raum nur dem Essen zu widmen. Wer aber ein separates Esszimmer einrichten will, sollte bedenken, dass es eine zweite Funktion erfüllen kann, etwa als Arbeitszimmer. In diesem Fall muss allerdings für ausreichend Stauraum gesorgt sein, damit Papiere und Akten verschwinden können, wenn Gäste kommen.

BITTE BEDENKEN

* Ein ausziehbarer Tisch ist wandlungsfähiger – vor allem in Räumen, die klein sind oder für mehrere Zwecke genutzt werden.
* Zum Essen ist sanftes Licht wünschenswert, zum Saubermachen helles Raumlicht.
* Bilder sollten in Augenhöhe sitzender – nicht stehender – Personen aufgehängt werden.
* Eine frei stehende Anrichte oder Büfett sorgt für den notwendigen Stauraum.

RECHTS Dieses Esszimmer in einem Altbau wirkt mit den schlichten Möbeln und der sparsamen Dekoration verblüffend frisch und modern.
GEGENÜBER Ein klassisches Ambiente steht dem Esszimmer gut. Funkelnde Kronleuchter und Spiegel fangen das Licht ein und erzeugen schöne Reflexe.

GRUNDRISS Baut man die Einrichtung um den Tisch herum auf, geraten andere Bereiche leicht ins Hintertreffen. Selbst in einem großen Esszimmer bietet ein kleiner Tisch, der bei Bedarf ausgezogen wird, mehr Flexibilität – vor allem, wenn der Raum auch anderweitig genutzt wird. Wer eher selten Gäste empfängt, könnte auch über einen Klapptisch nachdenken, der Platz sparend verstaut werden kann.

FENSTER Die Fensterdekoration richtet sich hauptsächlich nach dem Einrichtungsstil und weniger nach praktischen Aspekten. Zu einem sachlich-modernen Stil passen schlichte Rollos oder Jalousien gut. In klassischen Esszimmern sind aufwändigere Fensterdekorationen beliebt. Häufig sieht man dekorative Vorhangstangen oder schlichtere Schienen mit edlen Stoffen wie Damast, Streifen oder bildhaften Motivdrucken in elegantem Faltenwurf oder ähnlicher Verarbeitung. Wer es sachlicher mag, kann auch einfarbige, edle Stoffe wie Samt oder schweres Leinen für solche Draperien verwenden, die auch in modern eingerichteten Räumen ansprechend aussehen können.

WÄNDE Neben klassischen Streifenmustern oder warmem Rot gibt es viele Möglichkeiten von schlicht bis glamourös. Reizvoll könnte ein Effektanstrich oder eine Tapete mit diskretem Perl- oder Metallicglanz sein. Auch Bilder können eine Bereicherung sein, allerdings sollten sie stets auf Augenhöhe sitzender Personen hängen.

BELEUCHTUNG Ein edler Kronleuchter über dem Esstisch ist eine beliebte Wahl. In Räumen mit niedriger Decke, die noch für einen anderen Zweck genutzt werden, kann er aber zu aufdringlich wirken. In solchen Fällen sind schöne Wandlampen die bessere Wahl. Zum Saubermachen und für andere Aktivitäten sollte dennoch ein helles Raumlicht vorhanden sein.

BODENBELAG In Haushalten mit Kindern sorgt ein strapazierfähiger Boden dafür, dass man das Kleckern gelassen betrachten kann. Selbst wenn im restlichen Haus Teppichboden verlegt wurde, gibt es stichhaltige Argumente für einen naturbelassenen oder gestrichenen Holzboden am Essplatz. Da ein großer Teil des Bodens vom Tisch verdeckt wird, spielt er für das Ambiente ohnehin eine geringere Rolle als in anderen Räumen. Wer Auslegeware verwendet, könnte unter den Tisch einen dunkleren Teppich legen.

STAURAUM Viele Utensilien müssen im Esszimmer nicht verstaut werden, allerdings könnte man hier auch andere Dinge unterbringen. Eine traditionelle Anrichte ist eine gute Lösung, die dekorativ aussieht und nicht zu viel Platz einnimmt. Denkbar wäre auch ein deckenhoher Einbauschrank. Wer solche Möbel zu wuchtig findet, könnte eingebaute oder frei stehende Schränke in Hüfthöhe wählen. Mit einer Glasplatte können auch sie als Anrichte dienen.

Wichtige Details

Es gilt zunehmend als Luxus, einen Raum allein als Speisezimmer zu nutzen. Dabei kann man im Esszimmer viel praktischen Stauraum unterbringen und ihm sogar eine zweite Funktion geben. Hier sorgt die Kombination von traditionellen Blumenmustern mit frechen Akzentfarben für eine gelungene Mischung aus Tradition und Moderne.

WÄNDE Hier wird Tapete einmal auf unkonventionelle Weise eingesetzt. Zwei Bahnen, in Rahmen nebeneinander aufgehängt, wirken dekorativ, aber weniger dominant als ein ganzer Raum mit Mustertapeten. Denkbar wäre auch, eine Wand mit einer gemusterten Tapete zu bekleben und die anderen Wände einfarbig in einer abgestimmten Farbe zu streichen.

FENSTER Mit zwei parallel aufgenähten Borten wirken die schlichten Vorhänge gleich viel edler. Alternativ könnte man Stoffstreifen oder Fransen verwenden.
Das Rollo mit verzierter Unterkante schützt vor grellem Licht oder neugierigen Blicken, wenn die Vorhänge nicht zugezogen sind.

TISCH Bei der Wahl der Tischdecke sollten Sie ruhig einmal quer denken. Diese Tagesdecke hat eine ausgesprochen schöne Textur.

ACCESSOIRES Weißes Geschirr und Glas-Accessoires in einer Akzentfarbe – eine elegante Kombination. In diesem Raum kehrt die Farbe auf Vorhängen, Wänden, Tischdekoration und Pflanzen wieder.

WÄNDE Die Paneele aus gerahmter Tapete können aufgehängt oder lässig an die Wand gelehnt werden.

Arbeitszimmer

Ob Sie zu Hause Ihrem Beruf nachgehen oder nur Ihre Bankgeschäfte erledigen: Ohne Arbeitszimmer geht es nicht.

Seit immer mehr Menschen ihren Beruf zu Hause ausüben, hat sich das gute alte „Studierzimmer" erheblich verändert. Der Hauptunterschied besteht im Einzug der modernen Bürotechnik. Es geht also nicht mehr nur um ansprechende und zweckmäßige Gestaltung, sondern um die Integration von Akten, Telefon und vielen Kabeln. Einbauregale und -schreibtische nehmen recht wenig Platz ein, was wichtig ist, wenn der Raum noch für einen anderen Zweck benutzt wird, etwa als Gäste- oder Esszimmer. Wenn es sein muss, lässt sich so ein kompakter Arbeitsplatz sogar im Wohnzimmer, Flur oder auf dem Treppenabsatz unterbringen.

BITTE BEDENKEN

* Eingebauter Stauraum – und sei er noch so simpel – braucht wenig Platz und erleichtert es, Bücher und Akten sinnvoll zu ordnen.
* Ist kein separates Zimmer vorhanden, kann der Arbeitsplatz auch in einem anderen Raum, z. B. dem Gästezimmer, untergebracht werden.
* Mit etwas Planung und schönen, traditionellen Möbeln muss ein Arbeitszimmer nicht wie ein nüchternes Büro aussehen.

GEGENÜBER Was spricht gegen asiatische Möbel, die im Arbeitszimmer exotisches Flair verbreiten? **DIESE SEITE** Denkbar wäre auch, ein klassisches Möbel in einer kühlen, neutralen Farbe zu streichen.

GEGENÜBER Selbst unter der Treppe lässt sich ein kleiner Arbeitsplatz einrichten.
UNTEN Der verwegen gemusterte Stoff der Jalousie sorgt dafür, dass dieses Arbeitsplatz nicht allzu nüchtern wirkt.

GRUNDRISS Eine beliebte Lösung ist eine eingebaute Platte über eine ganze Wand, die reichlich Arbeitsfläche bietet. Darunter finden Rollcontainer Platz.

WÄNDE Über dem Schreibtisch ist eine Pinnwand praktisch, aber auch ein Regal für ständig benutzte Bücher oder Unterlagen.

FENSTER Im Idealfall sollte der Arbeitsplatz am Fenster liegen. Bei Tageslicht arbeitet es sich angenehmer als bei Kunstlicht.

BELEUCHTUNG Am Arbeitsplatz braucht man vor allem funktionelles Licht, etwa eine verstellbare Schreibtischlampe. Die Deckenbeleuchtung muss nicht aufwändig sein, darf aber zum Saubermachen nicht fehlen.

FUSSBODEN Die Rollen von Bürostühlen und Aktencontainern laufen auf glatten Belägen wie Vinyl oder Linoleum besser als auf Teppich.

STAURAUM In offenen Regalen sind die Arbeitsmaterialien schneller zur Hand, geschlossene Einbauschränke ermöglichen es, die Arbeitsatmosphäre verschwinden zu lassen, wenn der Raum anderweitig benutzt wird.

Wichtige Details

Wer seinen Beruf zu Hause ausübt, braucht einen voll funktionstüchtigen Arbeitsplatz. Anders als in der Firma darf er aber etwas wohnlich und persönlich eingerichtet sein, etwa mit gemusterten Stoffen oder Accessoires. Wenn es sein muss, findet der Arbeitsplatz auch im Ess- oder Gästezimmer Platz.

SCHREIBTISCH Eine eingebaute Arbeitsplatte aus Melamin oder MDF-Platte ist preiswert und praktisch. Eine Holzplatte ist etwas teurer, sieht aber auch attraktiver aus. Darunter finden Rollcontainer Platz.

STAURAUM Im Arbeitszimmer braucht man vor allem offene Regale und Schubladen. Bücher und Ordner sind am besten in Regalen untergebracht.

FENSTER Die Fensterdekoration bietet sich an, um mit bunten Mustern oder peppigen Farben einen Kontrapunkt zur nüchternen Arbeitsatmosphäre zu setzen.

WÄNDE Ein Teil der Wände wird von Regalen bedeckt sein, aber auch ein Pinnboard sollte nicht fehlen. Dieses ist mit einem Stoff bezogen, der mit dem Rollos korrespondiert.

MÖBEL Natürlich ist ein Bürostuhl auf Rollen die praktischste Lösung. Es spricht aber nichts gegen dekorativere Elemente, etwa einen bequemen Sessel zum Lesen und eine Stehlampe, die abends eine behagliche Lichtinsel erzeugt.

FUßBODEN Die Rollen von Bürostühlen laufen auf glatten Böden besser als auch Teppichboden. Empfehlenswert ist Holz, Vinyl oder Linoleum.

2003
NOV 18
TUE

Schlafzimmer

Am Abend möchte man zur Ruhe kommen und wünscht sich eine Oase der Behaglichkeit.

Hinsichtlich der Schlafzimmergestaltung gibt es zwei Gestaltungsrichtungen. Eine geht davon aus, dass es im Gegensatz zu Wohn- oder Esszimmer ja kein „öffentlicher" Bereich ist und sich deshalb für eine mutigere, individuellere Gestaltung anbietet. Aus diesem Grund findet man in so vielen Wohnungen Schlafzimmerwände mit Mustern, vor allem Blumen, die die Besitzer in anderen Räumen nicht zu verwenden gewagt hätten.

Die zweite Design-Richtung sieht das Schlafzimmer als Ort der Stille und des Rückzugs. Nichts soll ablenken, die tiefe Entspannung stören oder das Einschlafen verhindern. Sie setzen auf ruhige Farben (vorzugsweise Creme oder Rohweiß), superschlichte Möbel und möglichst wenig Muster. Natürlich gibt es einen Mittelweg zwischen diesen beiden Extremen. Eine gute Lösung ist beispielsweise ein einzelnes, auffälliges Möbelstück wie ein Pfostenbett mit Vorhängen aus schlichten Stoffen und Wänden in ausdrucksvollen Unifarben.

Unabhängig vom Stil muss jedes Schlafzimmer einige Grundanforderungen erfüllen: Behaglichkeit, Dunkelheit, Ruhe und Stauraum. Diese Kriterien müssen von Anfang an berücksichtigt werden. Wer viel Ruhe braucht, sollte überlegen, ob das jetzige Schlafzimmer wirklich der ruhigste Raum ist, oder ob sich ein anderer Raum besser eignen könnte. Wer den Komfort eines angrenzenden Bades schätzt, müsste vielleicht einen angrenzenden kleinen Raum für diesen Zweck opfern. Dabei kommt es immer darauf an, das Schlafzimmer nicht isoliert zu betrachten, sondern im Kontext der ganzen Wohnung.

BITTE BEDENKEN

- Das Bett ist das auffallendste Element im Raum. Deshalb muss seine Position die Weichen für die übrige Gestaltung stellen.
- In unruhigen oder hellen Wohngegenden sind schwere Vorhänge mit Abdunklungseinlage empfehlenswert.
- Ist das Schlafzimmer klein, könnte man den Stauraum auslagern.
- Wer einen Dachbodenausbau plant, sollte über einen begehbaren Kleiderschrank nachdenken.

RECHTS Neutrale Farben und exotische Harthölzer vermitteln hier einen Hauch von Kolonialstil.

AUFGESTOCKT

Vor allem in Reihenhäusern ist das Aufstocken eine gute Lösung, um zusätzlichen Wohnraum zu gewinnen. Dabei werden die Mauern des Hauses erhöht und Fenster eingebaut. Meist werden Gauben, Dachschrägenfenster oder eine Kombination beider Lösungen gewählt.

Wer unter dem neuen Dach ein Schlafzimmer einrichten will, steht vor einigen Herausforderungen. Ein Problem können die Dachschrägen darstellen, die die Möblierung erschweren und den Raum unruhig wirken lassen. Es liegt nahe, dem mit einem sehr ruhigen Farbschema entgegenzuwirken. Die traditionelle Lösung besteht jedoch darin, Mustertapeten zu verwenden, die von den unregelmäßigen Raumproportionen ablenken sollen. In diesem Fall ist es wichtig, für Tür- und Fensterrahmen, Boden und Bettwäsche möglichst ruhige oder sorgfältig auf die Hauptfarbe der Tapete abgestimmte Töne zu wählen.

Ein zweites Problem stellen die ungewöhnlich geformten Fenster dar, die keine konventionellen Vorhänge zulassen. Die Hersteller von Dachschrägenfenstern bieten zwar passende Jalousien an, doch passen die Farben selten zu denen, die für andere Elemente verwendet werden. Größere Fenster in geraden Wänden haben wegen der Dachschrägen oft eine unregelmäßige Form, die eine traditionelle Dekoration ebenfalls ausschließt. In den meisten Fällen sind nach Maß angefertigte Rollos oder Jalousien die beste Lösung. Weil sie meist aus dünnen Stoffen bestehen, sollte man eine Abdunklungseinlage in Betracht ziehen.

KLEINE SCHLAFZIMMER

Zu Beginn müssen drei Punkte festgelegt werden: die Größe des Betts, seine Position im Raum und die Platzierung von vorhandenem oder vorgesehenem Stauraum. Selbst in einem großen Schlafzimmer sollte man die Möblierung sparsam halten. Dabei geht es nicht nur um die Zweckmäßigkeit, sondern auch um die ruhige, entspannende Atmosphäre, die sich in einem übersichtlichen Raum leichter schaffen lässt. Diese Atmosphäre wird in den meisten Schlafzimmern durch den Kleiderschrank gestört, dabei lässt Kleidung sich selbst in kleinen Wohnungen fast immer woanders unterbringen, etwa im Gästezimmer.

OBEN Stoffe in Blaugrau und Anthrazit geben diesem Schlafzimmer eine markante, maskuline Ausstrahlung. Der Spiegel an der Wand lässt den Raum größer wirken. Die Schwarzweißfotos an der Wand sind eine stimmige Dekoration.

UNTEN Mit dem Anstrich, den Möbeln und der Bettwäsche in Grau wirkt dieses klassische Schlafzimmer kühl und elegant. Leere Wände vermitteln mehr Ruhe als aufwändige Bilder-Arrangements.

OBEN Ein elegantes, aber entspanntes Schlafzimmer mit hell gestrichenen, klassischen Möbeln und Stoffen im französischen Stil. Auf der Sitzbank am Fußende kann man auch bequem Koffer packen.

UNTEN Ein Himmelbett ist ein Hingucker, doch mit Vorhängen in zarten Farben wie Creme, Weiß oder Hellblau wirkt es nicht zu wuchtig. Für einen Hauch Exotik sorgt der Leopardenmuster-Bezug der Bank.

Selbst der „tote Raum“ auf einem Treppenabsatz kann mit durchdachten Einbauschränken genutzt werden. Natürlich ist auch denkbar, nur ständig benutzte Kleidung im Schlafzimmer aufzubewahren und andere Stücke auf dem Dachboden oder im Keller unterzubringen.

Wer ein kleines Schlafzimmer erfolgreich einrichten will, muss aus der Not eine Tugend machen. Man könnte die Kleidung auslagern und die Möblierung auf das Bett beschränken. Soll ein größeres Doppelbett untergebracht werden, könnte man es mit einer Längsseite an eine Wand stellen. Bei der Planung gilt es, Vor- und Nachteile gegeneinander abzuwägen.

Wer unsicher ist, sollte vor einer endgültigen Entscheidung das Bett einfach an den vorgesehenen Platz stellen und einige Nächte darin „probeschlafen“.

GROSSE SCHLAFZIMMER Auch ein großes Schlafzimmer muss nicht unbedingt mit vielen Möbeln ausgestattet werden. Wer den Raum aber auch als Rückzugsort zum Lesen, Arbeiten oder Fernsehen nutzen möchte, wird für diesen Zweck einen Sessel, eine Chaiselongue oder einen kleinen Schreibtisch benötigen. Soll im Schlafzimmer ein kompletter Arbeitsplatz eingerichtet werden, sind auch diskrete Unterbringungsmöglichkeiten für Akten notwendig. In aufgestockten Dachgeschossen ist manchmal so viel Platz vorhanden, dass sich ein zusätzliches Bad oder ein begehbarer Kleiderschrank einrichten lässt.

FENSTER Bei der Auswahl der Fensterdekoration muss die Funktion berücksichtigt werden: Isolierung gegen Licht, Lärm und Kälte oder sommerliche Hitze sowie Sichtschutz. Im Schlafzimmer geht es um mehr als die Dekoration – erst die Funktion sichert den guten Schlaf oder die erholsame Siesta. Für die Auswahl spielen verschiedene Aspekte eine Rolle. In einem Schlafzimmer mit doppelt verglasten Fenstern in einer ruhigen Wohnlage ohne Straßenlaternen kann man auf schwere Vorhänge oder dichte Rollos verzichten.

Ganz anders verhält es sich, wenn das Schlafzimmer große Fenster hat und an einer unruhigen Straße liegt.

RECHTS Die halbhohe Täfelung mit Profilbrettern, das altmodische Eisenbett und die Patchworkdecke verleihen diesem Gästezimmer einen ländlichen, nostalgischen Charme.
GEGENÜBER In offenen Regalen sind Kleidungsstücke, die täglich benutzt werden, praktisch untergebracht.

Die beste Abschirmung bieten Vorhänge aus dickem Stoff mit einem Futter, einem Zwischenfutter und einer Abdunklungseinlage. Der traditionelle Sichtschutz ist eine zusätzliche Tüllgardine. Es gibt jedoch eine Reihe anderer Möglichkeiten, die von satinierten Fenstern (oder der preiswerteren Variante mit Klebefolie) bis zu Lamellen-Innenfensterläden reichen.

Wer es schlicht und modern mag, könnte sich beispielsweise für sachliche Rollos entscheiden, sollte aber bedenken, dass ihre Isolierwirkung geringer als die von Vorhängen ist. Hier spielen die Lage des Raums im Haus und die Umgebung eine wichtige Rolle.

Wenn sich vor dem Fenster eine stark befahrene Straße mit hellen Laternen befindet, sind Innenfensterläden vielleicht die beste Lösung. Mit etwas Glück kann man sogar gebrauchte Fensterläden im traditionellen Stil finden. Schlichte Fensterläden aus MDF-Platte sind erheblich preiswerter, sehen aber nicht so gut aus. Natürlich kann man sie auch mit Vorhängen kombinieren, vor allem, wenn sie im Verhältnis zur übrigen Raumausstattung zu nüchtern aussehen.

Immer beliebter werden verstellbare Lamellenjalousien aus Holz oder anderen Materialien, die grelles Licht filtern und auch am Tag Sichtschutz bieten.

WÄNDE Kühle, ruhige Farben sind die Klassiker im Schlafzimmer, Sie könnten aber auch mutiger sein und beispielsweise eine Mustertapete im Toile-de-Jouy-Stil wählen. Eine Wandbespannung aus Stoff ist teuer, aber edel und vermittelt wegen ihrer ausgezeichneten Geräuschdämmung die Geborgenheit eines Kokons. Auch die enorme Auswahl an Stoffen hat ihren Reiz.

BELEUCHTUNG Die Planung der Beleuchtung im Schlafzimmer ist recht einfach, die Auswahl der Lampen kann schwieriger sein. Erst wenn die Position des Betts fest steht, werden Steckdosen installiert oder verlegt. Stellen Sie das Bett an den vorgesehenen Platz, um sich die erforderliche Beleuchtung besser vorstellen zu können. Die traditionelle Variante ist der Nachttisch mit der kleinen Leselampe, Sie könnten sich aber auch für moderne Wandlampen oder

Stehlampen entscheiden und ganz auf Nachttische verzichten. Solche Lösungen bieten sich an, wenn das Schlafzimmer sehr klein ist oder wenn Sie ein besonders niedriges Bett wie einen Futon besitzen. Preiswert und gut geeignet sind einfache, verstellbare Schreibtischlampen.

Eine andere moderne Lösung ist eine Blende in Bettbreite, hinter der sich eine Leuchtstoffröhre verbirgt und ein sanftes, diffuses Licht auf das Kopfende wirft. Welchen Beleuchtungstyp Sie auch wählen: Achten Sie darauf, dass sich die Lampen mit einem Schalter an der Tür ein- und ausknipsen lassen.

Neben den Lampen am Bett braucht man in jedem Schlafzimmer auch ein Deckenlicht, das beim Saubermachen und Packen nützlich ist, vor allem, wenn der Raum wenig Tageslicht bekommt.

Unauffälliger als eine konventionelle Deckenlampe sind Halogenstrahler, die ein gleichmäßiges Licht erzeugen. Eine attraktive Variante sind auch Wandlampen in Augenhöhe, deren Licht von der Decke reflektiert wird. Ein Dimmer bietet die Möglichkeit, die Helligkeit ganz nach Bedarf und Laune zu variieren.

BODENBELAG Ein weicher Teppich fühlt sich unter nackten Füßen kuschelig an. Wenn Ihnen die sachliche Optik eines Hartbodens besser gefällt, können Sie mit Woll- oder Baumwollläufern für Behaglichkeit sorgen. Auch ein Naturfaser-Bodenbelag ist eine gute Wahl.

STAURAUM Es hat einige Vorteile, den Kleiderschrank aus dem Schlafzimmer zu verbannen. Ist das nicht möglich, sollte man eine möglichst unauffällige Stauraumlösung suchen. Schlichte Einbauschränke vom Boden bis zur Decke ohne auffällige Details sind ideal. Wer viel Platz hat, könnte sich auch für einen großen, antiken, frei stehenden Kleiderschrank entscheiden. Solche Schränke sind preiswerter als maßgetischlerte Einbauten, zudem meinen manche Innenarchitekten, dass wenige stattliche Möbel einen Raum größer wirken lassen als eine größere Zahl kleiner Möbelstücke. Vergessen Sie bei der Planung des Stauraums nicht, dass sich auch unter den Betten reichlich Platz für voluminöse Dinge wie Wolldecken und dicke Winterpullover befindet.

Wichtige Details

Wer ein ruhiges Schlafzimmer schätzt, ist gut beraten, neutrale Farben zu wählen und auf wuchtige Schränke zu verzichten. Ein oder zwei bequeme Möbelstücke, etwa ein Sessel mit Fußhocker, verwandeln den Raum in ein Refugium, in das man sich gern vor der Alltagshektik zurückzieht.

BETT Ein Himmelbett muss nicht üppig aussehen. Ganz ohne textile Dekoration wirkt es sogar ausgesprochen schlicht und streng. Und soll es im Winter etwas kuscheliger sein, sind Vorhänge im Handumdrehen aufgehängt.

FUSSBODEN Ein Holzboden wirkt mit strukturierten oder langflorigen Läufern gleich behaglicher.

WÄNDE Ein Schlafzimmer ganz in Weiß wirkt wunderbar ruhig und entspannend.

MÖBEL Eine Bank am Fußende des Betts ist praktisch, um sich beim Anziehen zu setzen oder beim Packen den Koffer abzulegen.

MÖBEL Ein Sessel mit passendem Hocker ist im Schlafzimmer sehr willkommen – mal zum Lesen, mal zum Ablegen von Kleidern. Mit dem frisch weißen Bezug wirkt der antike Sessel gar nicht mehr altertümlich.

KAMIN Der Kamin, im gleichen Weiß wie die Wände gestrichen, setzt in diesem ruhigen Interieur einen dezenten Akzent.

MÖBEL Die einzige Farbe außer Weiß ist Gold. Dieses Beispiel zeigt, dass eine eigentlich prächtige, luxuriöse Farbe in einem so kühlen Ambiente eine ganz andere Ausstrahlung bekommt als in einem klassisch eingerichteten Raum.

BELEUCHTUNG Auch der edle Glas-Kronleuchter ist eine sehr dezente Dekoration dieses schlichten Raums.

Badezimmer

Der Wohlfühlfaktor im Bad steht und fällt mit der richtigen Mischung aus Behaglichkeit und Zweckmäßigkeit.

Im Badezimmer-Design tut sich etwas. Wie die Küche galt es noch vor 50 Jahren als rein zweckbezogener Raum. Heute haben sich die Ansprüche verändert. Um ein luxuriöses Bad zu schaffen, kann es sinnvoll sein, einen unbenutzten Raum umzubauen. Es geht aber auch anders. Wichtig ist vor allem, den vorhandenen Platz optimal zu nutzen. Ein recht neuer Trend ist der Wandel von der Dusche zur „Nasszelle“ mit einem Ablauf im Boden und einer wasserdichten Membran unter den Fliesen, die eine Duschkabine überflüssig macht. Hinsichtlich der Belüftung von Badezimmern gibt es einige Vorschriften. Außerdem ist nicht gestattet, dass die Küche einen direkten Zugang zu einem Bad mit Toilette hat.

BITTE BEDENKEN

* Halten Sie die Richtlinien für den Platzbedarf neben und vor Duschen, Badewannen und Waschbecken ein (siehe Seite 155).
* Nutzen Sie Nischen und anderen „toten Raum“ für Regale.
* Ein „Nassraum“ passt gut in offene, moderne Wohnungen.

RECHTS Gekonnte Raumplanung: Die Wanne rückt in die Nische eines ehemaligen Kamins, das Waschbecken in die Ecke. Der geblümte Vorhang bringt etwas Leben in dieses Bad in gedämpften Farben.

GRUNDRISS Drei große Hauptelemente sollten in jedem Bad untergebracht werden: Wanne oder Dusche (oder beides), Waschbecken und Toilette. Und weil das Verlegen von Wasser- und Abflussleitungen reichlich Aufwand und Kosten verursacht, sollte die Planung mit diesen Elementen beginnen. Der empfohlene Bewegungsfreiraum vor einer Wanne beträgt 1100 x 700 mm, die Stehhöhe 2200 mm. Vor einer Dusche sollten mindestens 900 x 700 mm Platz sein, vor einem Waschbecken 700 mm und zu seinen beiden Seiten 200 mm.

Planen Sie ebenso frühzeitig auch Elemente wie ausreichend Steckdosen, Spiegel (möglichst mit Beleuchtung), ggf. Lüfter und einen Badezimmerschrank ein, und denken Sie auch an Dinge wie Wäschekorb, Hocker oder Stuhl und Regale.

EIN GROSSES BAD Wer viel Platz im Bad hat, sollte sich zwei Waschbecken gönnen. Mit einem bequemen Sessel oder sogar Sofa wird das Bad zur Wellness-Oase.

FENSTER Die Dekoration richtet sich nach der Größe des Bades. Für ein kleines Bad sind Rollos oder Jalousien praktisch, weil sie so wenig Platz einnehmen, dass man die Fensterbank noch als Ablage nutzen kann.

WÄNDE Fliesen sehen gut aus und sind praktisch, doch sie sind nicht die einzige Möglichkeit – vor allem, wenn ein Bad nicht von Kindern benutzt wird. Kleine Bäder wirken mit Spiegeln oder Spiegelfliesen größer.

BELEUCHTUNG Ideal ist eine Kombination aus Niedervolt-Halogenstrahlern in der Decke und Wandlampen am Spiegel.

FUSSBODEN Praktische Bodenbeläge im Bad sind Vinyl oder Fliesen. Neu auf dem Markt sind Laminate mit Holzdekor, die sich für Feuchträume eignen.

STAURAUM Reichlich Stauraum darf im Bad nicht fehlen. Selbst in einem kleinen Bad können Nischen und Winkel zum Unterbringen von Handtüchern und Kosmetika genutzt werden.

GEGENÜBER Mosaikfliesen in der Dusche können sehr edel aussehen. **UNTEN** Dieses Bad wirkt durch die traditionellen, weißen Wandfliesen makellos frisch und sachlich.

OBEN Lamellenjalousien sorgen für Sichtschutz, nehmen aber weniger Platz ein als Vorhänge oder Textiljalousien. Eine elegante Schale auf einer Platte ersetzt das Waschbecken.

Wichtige Details

Wer ein zweckmäßiges und ruhiges Bad schätzt, ist mit einer offenen, übersichtlichen Aufteilung am besten beraten. Mit Holz in schönen Farben, Stein und Keramik muss es trotzdem nicht streng und nüchtern aussehen.

GRUNDRISS Um den Platz im Bad gut auszunutzen, sollte überflüssiger Krimskrams konsequent anderweitig untergebracht werden.

BADEWANNE Weil immer bessere Imprägnierungsprodukte auf den Markt kommen, setzt sich Holz im Bad zunehmend durch. Kein Wunder, denn es sieht schön aus und fühlt sich warm an. Hier wurde es für die Wannenverkleidung, den Waschtisch und eine Sitzbank verwendet. Hier gibt es dem sachlichen Bad eine luxuriöse Note.

WASCHBECKEN Paare wissen Doppelwaschtische zu schätzen. Die Holzplatte mit den beiden eckigen Becken sieht chic aus und ist praktisch.

FENSTER Wer einen strengen, reduzierten Stil schätzt, kann auf eine Fensterdekoration ganz verzichten. Für den notwendigen Sichtschutz sorgen satinierte Fensterscheiben.

FUSSBODEN Naturstein, Keramikfliesen oder Kompositmaterialien sind praktisch und elegant, aber unterschwellig maskulin.

DUSCHE Eine bodenebene Dusche ohne Duschkabine lässt das Bad geräumig wirken, erfordert aber die Verlegung einer wasserfesten Membran unter dem Bodenbelag.

WÄNDE Mosaikfliesen sind preiswerter und einfacher zu verlegen, als man annehmen möchte, dabei sehen sie aber viel luxuriöser aus als konventionelle Fliesen. Das graue Schiefermosaik wirkt elegant und modern.

Kinderzimmer

Ein Kinderzimmer muss vor allem flexibel sein, damit es mit der schnellen Entwicklung Schritt halten kann.

Wer ein Kinderzimmer plant, sollte immer voraus denken. Kinder entwickeln sich sehr schnell – und das ideale Zimmer entwickelt sich mit. Innerhalb weniger Jahre muss das Säuglingszimmer die Bedürfnisse eines Krabbelkindes erfüllen, und schon bald halten Puppenhäuser oder Legosteine Einzug. Die ständige Veränderung der Bedürfnisse setzt sich bis zum Erreichen des Erwachsenenalters fort.

Die beste Lösung besteht in einer neutralen Grundgestaltung, die sich immer wieder variieren lässt. Es mag verlockend sein, ist aber ungeschickt, ein Säuglingszimmer auf traditionell-niedliche Weise einzurichten. Auf lange Sicht zahlt sich ein weniger festgelegter Stil aus. Das gleiche gilt für die Möbel. Wenn ein Kind beispielsweise der Wiege entwachsen ist, sollte es ein Bett bekommen, das es benutzen kann, bis es erwachsen wird. Wenn die Grundelemente neutral sind, ist es einfach, mit Accessoires und Bettwäsche auf den veränderlichen Geschmack des Kindes einzugehen.

BITTE BEDENKEN

* Ein neutral gestalteter Raum lässt sich leicht und kostengünstig mit Bettwäsche und Accessoires verwandeln.
* Einbauschränke sind sehr praktisch, preiswerter sind aber offene Regale mit transparenten Spielzeugkisten.
* Der Bodenbelag sollte strapazierfähig und leicht zu reinigen sein.
* Im Säuglingszimmer sollten Vorhänge und Rollos mit Abdunklungseinlage ausgestattet sein.

RECHTS Einfache, auf die Wand gemalte Monogramme können in einem gemeinsamen Kinderzimmer die Reviere der kleinen Bewohner markieren. Der durchgehende Streifen verbindet alles zu einem großen Ganzen.

B
Fishing Reels

GRUNDRISS Das Zauberwort heißt Flexibilität. Wie in einem offenen Wohnraum mit Küche, in dem verschiedene Aktivitäten in Einklang gebracht werden müssen, dient auch ein Kinderzimmer vielen Funktionen vom Schlafen über das Spielen bis zum Erledigen der Hausaufgaben. Um freie Bodenfläche zu gewinnen, entscheiden sich manche Familien für ein Hochbett über dem Schreibtisch oder einer Sitzecke. Sehr praktisch ist auch ein Kojenbett, unter dem Stauraum eingebaut ist.

FENSTER Ein Kinderzimmer ist unter anderem ein Schlafraum – darauf muss die Fensterdekoration abgestimmt sein. Vor allem in Säuglingszimmern sollte eine Abdunklungseinlage verwendet werden, damit sich der Raum auch am Tage vollständig verdunkeln lässt.

WÄNDE Wer langfristig plant, sollte die Wände neutral gestalten und Bilder aufhängen. Um die Wandflächen zu schützen, empfehlen sich große Pinnwände, an denen Zeichnungen oder andere Kunstwerke befestigt werden können. Denkbar wäre auch, ein Stück Wand mit Tafelfarbe zu streichen und zum Bemalen freizugeben.

BELEUCHTUNG Empfehlenswert ist eine gute Deckenbeleuchtung, zum Beispiel mit Halogenstrahlern. Denken Sie unbedingt an Kindersicherungen in den Steckdosen.

FUSSBODEN Ein teurer, empfindlicher Bodenbelag ist für aktive, kreative Kinder ungeeignet. Viel praktischer

GEGENÜBER Einfache Regale in den Nischen beiderseits des ehemaligen Kamins schaffen reichlich Stauraum für Kleidung, Bücher und Spielsachen. **RECHTS** Der Futon am Fenster wird mit dem Überwurf zum Sofa und kann einfach ausgeklappt werden, wenn ein kleiner Gast über Nacht bleibt. **UNTEN RECHTS** Der Bodenbelag muss vor allem praktisch sein. Holzdielen lassen sich leicht reinigen und bei Bedarf mit einem neuen Anstrich auffrischen.

ist ein pflegeleichter, unempfindlicher Hartboden, der mit Läufern behaglicher wird. Wer sich für Auslegeware entscheidet, sollte eine robuste Qualität wählen, die sich leicht reinigen lässt. Auch Teppichfliesen, die bei Bedarf einzeln ausgewechselt werden können, sind eine gute Lösung.

STAURAUM Einbauschränke nutzen den Platz optimal, sind aber teuer. Weil es im Kinderzimmer besonders auf Übersicht und leichte Erreichbarkeit ankommt, sind auch Regale mit einheitlichen Körben oder Kästen eine gute Lösung. Nischen eignen sich zum Einbau von Regalen ausgezeichnet und lassen sich leicht mit einem neutralen Vorhang an einer einfachen Stange „verschließen".

Wichtige Details

Das ideale Kinderzimmer erfüllt verschiedene Funktionen und lässt sich leicht umgestalten, wenn sich Geschmack und Bedürfnisse des Bewohners verändern. Dieses Zimmer bietet reichlich Stauraum und erlaubt durch seine neutrale Farbpalette der Bewohnerin, ihre Persönlichkeit auszudrücken.

MÖBEL Einbaumöbel nutzen den Platz meist besonders gut aus. Neben dem Bett wurde hier auch ein Sofa mit Auflage und Polsterrollen eingebaut, auf dem man es sich zum Lesen Gemütlich machen kann.

FARBE Weil die Grundgestaltung neutral ist, kann der Raum Veränderungen des Geschmack derungen des Geschmack ganz einfach mit Accessoires angepasst werden.

STAURAUM Einbaumöbel haben den großen Vorteil, dass sich in ihnen reichlich Stauraum schaffen lässt.

STAURAUM In offenen Regalen sind Bücher und Spielsachen übersichtlich untergebracht. Schränke sollten mit verstellbaren Stangen und Fachböden ausgestattet sein. Kleine Kinder haben meist nur wenig Kleidungsstücke, für die Stangen zum Aufhängen nötig sind.

FARBE Durch farbige Accessoires lässt sich ein Zimmer in neutralen Grundfarben leicht verändern, ohne dass ein neuer Anstrich nötig ist.

WÄNDE Eine Pinnwand mit Stoffbespannung schont die Wand vor Schäden durch Nadeln und Klebestreifen und ist obendrein ein schöner Farbtupfer.

MÖBEL Preiswerte Möbel im Kleinformat fördern die Kreativität, weil sie einen Platz schaffen, an dem Kinder ohne Aufsicht malen und zeichnen können. Das leuchtende Pink des Stuhls ist ein fröhlicher Farbakzent.

8

Praxiswissen

Selbst Menschen ohne Heimwerker-Ambitionen stehen gelegentlich vor Situationen, in denen es aus praktischen oder finanziellen Gründen sinnvoll erscheint, selbst zum Pinsel, zur Tapezierschere oder Bohrmaschine zu greifen. Sie werden feststellen, dass viele Arbeiten mit den richtigen Werkzeugen und methodischem Herangehen gar nicht so schwierig sind. Selbst einfache Dinge wie das Nähen eines Vorhangs oder das Tapezieren können aber Erfahrungen vermitteln – und Erfolgserlebnisse verschaffen. Vor allem aber bekommt man durch etwas Eigenarbeit viel klarere Vorstellungen darüber, was machbar ist und was nicht. Dieses Wissen wiederum ist von unschätzbarem Wert bei Verhandlungen mit Handwerkern.

Und wer weiß – vielleicht entdecken Sie sogar, dass das Renovieren Spaß machen kann, und wagen sich beim nächsten Mal an ein schwierigeres Projekt.

Streichen

Hier finden Sie alles Wissenswerte zum Umgang mit Farbe und Pinsel – von der Vorbereitung bis zur Kostenschätzung.

Sie meinen, zum Streichen eines Zimmers muss man nur Ausdauer mit der Rolle und Geschick mit dem Eckenpinsel haben? Irrtum, denn diese Arbeiten machen lediglich einen kleinen Teil der Sache aus. Viel größere Bedeutung hat die Vorbereitung. Selbst wenn Sie geschickt mit dem Pinsel sind, wird all Ihre Arbeit auf unebenem, instabilem oder schlecht vorbereitetem Untergrund keine guten Ergebnisse bringen. Fast so wichtig ist die Qualität des Werkzeugs. Es heißt zwar, dass schlechte Handwerker stets dem Werkzeug die Schuld geben, doch ein guter Maler kann tatsächlich mit einem schlechten Pinsel, der Haare verliert, keine ordentliche Arbeit abliefern. Betrachten Sie Vorarbeiten und Malerarbeiten als zwei separate Arbeitsschritte und beginnen Sie auf keinen Fall den zweiten Schritt, ehe der erste abgeschlossen ist.

VORARBEITEN

BEVOR SIE ANFANGEN

Ehe Sie zum Werkzeug greifen, gibt es einiges zu tun. Je größer die Bewegungsfreiheit, desto besser lässt es sich arbeiten, darum sollten Sie zuerst die kleineren Möbel aus dem Zimmer räumen und die größeren in die Mitte rücken und mit Planen abdecken. Vorhänge, Lampenschirme und Regalträger werden abgenommen. Lose Teppiche und Läufer werden aufgerollt. Auslegeware, die nicht verklebt ist, sollten Sie sorgfältig abdecken oder ebenfalls aufrollen.

OBERFLÄCHEN VORBEREITEN

Ein guter Anstrich braucht einen guten Untergrund. Die Vorbereitung hängt von Art und Zustand des Untergrunds ab. In vielen Fällen genügt es, ihn mit Wasser und Allzweckreiniger gründlich zu säubern. Alte Tapeten werden mit Wasser und Geschirrspülmittel eingeweicht und dann von der Wand abgezogen. Gibt man auf jeden Eimer Einweichwasser eine Hand voll Zellulose-Tapetenkleisterflocken, läuft das Wasser nicht so schnell von der Wand ab. Noch einfacher geht es mit einem Dampf-Tapetenlöser.

Risse und andere Schäden im Verputz werden mit Füllspachtel ausgefüllt. Für Schäden in Holz verwendet man eine spezielle Spachtelmasse, die flexibel ist und Verfärbungen durch Harz verhindert. Alte Schichten von Lackfarbe auf Holz müssen vor dem Streichen mit feinem Schleifpapier angeraut werden. Rohes Holz und nackter Verputz müssen unbedingt mit einer geeigneten Vorstrichfarbe (Primer) grundiert werden.

BEDARFSSCHÄTZUNG

Als Faustregel kann man annehmen, dass ein Liter Universalprimer, Vorstrichfarbe oder Wandfarbe für etwa 12 bis 16 Quadratmeter ausreicht. Lesen Sie aber immer die Herstellerangaben auf der Verpackung. Weil auch die Oberflächenstruktur sich auf den Verbrauch auswirkt, kaufen Sie reichlich Farbe und bewahren Sie Reste zum Ausbessern auf.

WERKZEUGE UND ZUBEHÖR

Verwenden Sie nur Werkzeug von guter Qualität und schaffen Sie sich möglichst mehrere verschiedene Pinsel und Spachtel an, um für alle Eventualitäten gerüstet zu sein.

* Planen, Papierbahnen oder alte Laken zum Abdecken von Fußboden und Möbeln
* Verschiedene Schaber und Ziehklingen
* Spachtel
* Drahtbürste
* Feines Schleifpapier
* Bockleiter in ausreichender Höhe, um bequem die Decke zu erreichen. Für Treppen eine Anstellleiter.
* Je nach anstehender Arbeit Dampf-Tapetenlöser oder Heißluftföhn zum Ablösen alter Lackfarbe. Manche Baumärkte verleihen solche Geräte gegen Gebühr.

DECKEN STREICHEN

Am besten arbeitet es sich, wenn der Abstand zwischen Kopf und Decke etwa 8 cm beträgt. Wer ungern auf der Leiter arbeitet, kann auch eine Rolle mit langem Stiel für die Hauptfläche verwenden und nur für die Ecken und die Bereiche über Türen auf die Leiter steigen. Nehmen Sie die Lampen ab und arbeiten Sie sich – wie beim Rasenmähen – in Bahnen voran. Denken Sie daran, Gesicht und Haare vor Farbspritzern zu schützen.

WÄNDE STREICHEN

Mit der Rolle arbeitet man am besten in waagerechten Bahnen von etwa 60 cm Breite. Mit dem Pinsel streicht man Felder von etwa 50 x 50 cm Größe. Rechtshänder beginnen in der oberen rechten Ecke, Linkshänder in der oberen linken. Streichen Sie eine ganze Wand von oben nach unten und beginnen Sie danach die nächste Wand wieder in der oberen Ecke.

EFFEKTANSTRICHE

Neben Produkten für einfarbige Wandanstriche bieten viele Hersteller eine breite Palette von Spezialprodukten für Effektanstriche an. Meist handelt es sich dabei um transparente Lasuren, die für Wisch-, Tupf- Wickel- und Kammzugtechniken verwendet werden. Selbst farbloses Lasurmedium, das man selbst nach Wunsch abtönen kann, ist erhältlich. Achten Sie beim Einkauf darauf, für welche Art von Untergrund das jeweilige Produkt gedacht ist, denn für Wandfarben (Dispersionsfarben) und Lackfarben (Acryl- oder Kunstharzfarben) sind unterschiedliche Lasuren erforderlich. Lesen Sie auch die Herstellerangaben zum Mengenbedarf genau durch. Wer Lasuren selbst abtönt, sollte die Menge vorsichtshalber sehr großzügig bemessen. Es wäre ärgerlich, wenn die Menge nicht ausreicht, denn es ist nahezu unmöglich, ein zweites Mal exakt den gleichen Farbton zu erhalten. Probieren Sie eine Lasur zuerst auf einem Probestück aus, ehe Sie die Wand in Angriff nehmen. So haben Sie Gelegenheit, die Farbintensität bei Bedarf noch zu verändern. Lasuren lassen sich am besten verarbeiten, wenn sie nicht allzu flüssig sind. Dickt eine Lasur während der Arbeit ein, kann sie mit einem geeigneten Produkt verdünnt werden.

Weil Effektanstriche und Lasuren nicht ganz so robust wie einfarbige Anstriche sind, sollte man sie mit einer Schicht Klarlack schützen.

Vor dem Auftragen eines Klarlacks muss ein Effektanstrich vollständig durchgetrocknet sein. Denken Sie daran, dass Reste von Lacken, Farben, Lösemitteln und Pinselreinigern Sondermüll sind und nicht in den Hausmüll gehören. Manche Lösemittel sind brennbar und müssen darum stets gut verschlossen aufbewahrt werden.

Mit Lasuren lassen sich viele verschiedene Effekte gestalten. Einige Grundtechniken werden hier beschrieben. Probieren Sie die Arbeitsweise immer aus, ehe Sie eine Wand in Angriff nehmen. Grundieren Sie eine alte Holzplatte im Farbton der Wand und experimentieren Sie mit der Effekttechnik, bis Sie mit ihr vertraut sind. Dabei bekommen Sie ein Gefühl für das Fließverhalten der Lasur und die optimale Konsistenz und gewinnen einen Eindruck des Effektes auf einer größeren Fläche.

TUPFTECHNIK

Bei dieser Methode wird ein Stück der Wandfläche mit der Lasur bestrichen. Danach wird die noch feuchte Lasur mit zusammengeknüllten Lappen wieder abgetupft, sodass ein weich marmorierter Farbeffekt entsteht.

PINSELZUGTECHNIK

Für diese Methode muss die Lasur etwas flüssiger sein. Sie wird in senkrechten Bahnen auf die Wand aufgetragen, dann wird zügig ein grober Pinsel ebenfalls senkrecht durch die nasse Lasur gezogen, um ein feines Streifenmuster zu erhalten.

SCHWAMMTECHNIK

Ein marmorierter Effekt entsteht, indem man Lasur in eine flache Schale gibt, einen Schwamm eintaucht und die Lasur auf die Wandfläche tupft. Ordnet man die Schwammabdrücke kreisförmig an, entsteht ein etwas unregelmäßigeres, lebendiges Muster. Denkbar ist auch, zwei verschiedene Lasuren – Ton in Ton oder kontrastierend – nacheinander aufzutupfen.

STUPFTECHNIK
Hier wird die Lasur mit einem speziellen Stupfpinsel aufgetragen, der ein gleichmäßiges Muster aus kleinen Pünktchen erzeugt.

SCHABLONENMALEREI
Schablonen kann man fertig kaufen oder aus fester Pappe oder dünnem Plastik selbst zuschneiden. Sie werden mit Malerkrepp auf die Wand geklebt, dann werden die ausgeschnittenen Bereiche mit leichter Hand mit einem Wachsmalstift nachgezogen. Anschließend mit einem Pinsel etwas Farbe aufnehmen und die ausgeschnittenen Bereiche ausmalen.

WAS BEDEUTET ...?

SEIDENGLANZ
Lackfarben mit einer seidig glänzenden Oberfläche, die sich für Innenwände und Holz eignen.

DISPERSIONSFARBEN
Wasserverdünnbare Farben für Wände und Decken.

MATT
Lackfarben mit pudrig-matter Oberfläche. Geeignet für Wände, aber nicht sehr strapazierfähig.

HOCHGLANZ
Farben mit starkem Glanz, beliebt für Türen, Rahmen und Leisten.

SEIDENMATT
Diese Farben sind matter als Seidenglanzfarben, aber nicht so empfindlich wie Mattfarben.

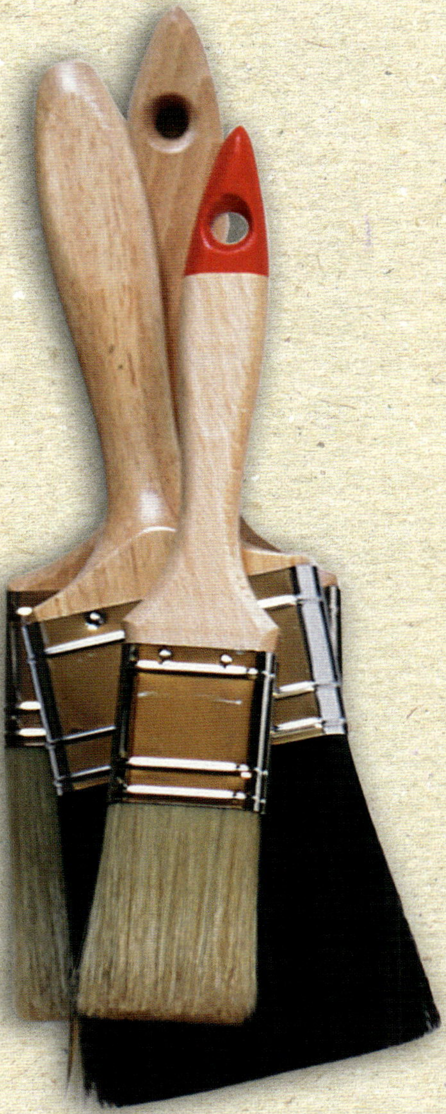

ZUBEHÖR ZUM STREICHEN

* Mit Pinseln in den breiten, 13 mm, 25 mm, 50 mm und 150 mm sind Sie für die meisten Arbeiten gewappnet. Nützlich ist außerdem ein 19 mm breiter Pinsel mit abgeschrägter Spitze, mit dem sich Fensterrahmen gut streichen lassen.
* Hochwertige Rolle mit Griff und Stiel zur Verlängerung
* Farbwanne
* Heizkörperpinsel
* Farbgefäß (nie direkt aus dem Farbeimer arbeiten!)
* Leiste zum Umrühren der Farbe
* Putzlappen

ZUBEHÖR FÜR EFFEKT-ANSTRICHE

* Gefäß zum Mischen von Lasuren
* Gummihandschuhe
* Gefäß zum Verdünnen von Lasuren
* 10 cm breiter Pinsel zum Auftragen der Grundierung
* Schwamm (für Schwammtechnik)
* Flachpinsel mit langen Borsten (für Pinselzugtechnik)
* Stupfpinsel (zum Stupfen)

Auszugsweise angelehnt an *Reader's Digest Complete DYI Manual* mit freundlicher Genehmigung von Reader's Digest Ltd.

Vorhänge & Co.

Natürlich kann man sich Vorhänge anfertigen lassen. Doch wer eine Nähmaschine hat und kein aufwändiges Design plant, sollte es einmal selbst versuchen.

VORHÄNGE NÄHEN

Das Spektrum der Stile reicht von einfachen, ungefütterten Vorhängen bis zu kunstvollen Draperien. In erster Linie bestimmt die Funktion, welche Lösung am besten geeignet ist. Für ein Schlafzimmer beispielsweise sind dichte, gefütterte Vorhänge mit Einlage sinnvoll, während dort leichte, ungefütterte Stoffe kaum Nutzen haben. Auf diesen Seiten finden Sie eine Anleitung für einen relativ aufwändigen Vorhang, der sich aber problemlos vereinfachen lässt.

Für die Kräuselung oder den Faltenwurf der Oberkante sorgt Vorhangband, das es in verschiedenen Variationen gibt. Wir haben ein Band gewählt, das gleichmäßig verteilte Dreiergruppen von Falten produziert – eine elegante Lösung, die zu jedem Stil passt.

1 Zuerst muss eine Stange oder Schiene gewählt werden, sofern nicht bereits eine Befestigung vorhanden ist. Messen Sie zuerst die Fensterbreite aus und addieren Sie den Überstand der Stangen auf bei den Seiten. Je breiter das Fenster ist, desto größer sollte der Überstand sein. Für einen gekräuselten Vorhang multiplizieren Sie diesen Wert mit 2,25. Ist ein Schlaufenvorhang vorgesehen, wird das Maß mit 1,5 multipliziert. Addieren Sie außerdem Zugaben für die seitlichen Säume und eventuelle Nähte. Dieses Maß teilen Sie durch die Webbreite des Stoffes, um die Anzahl der benötigten Stoffbahnen zu errechnen. Das Ergebnis wird auf die nächste ganze Zahl aufgerundet. Dann messen Sie die vorgesehene Länge der Vorhänge aus und geben mindestens 25 cm für die oberen und unteren Säume zu. Bei gemusterten Stoffen muss außerdem die Rapportlänge zugegeben werden. Zum Schluss multiplizieren Sie die Anzahl der benötigten Bahnen mit der Länge (einschließlich der Zugaben), um den Gesamtbedarf zu errechnen.

2 Orientieren Sie sich beim Zuschneiden der Stoffbahnen am Muster oder ziehen Sie einen Faden aus dem Stoff und schneiden Sie auf der so entstehenden Linie. Bei Rapportmustern zeichnen Sie den unteren Rand eines Motivs auf der Rückseite des Stoffes an, geben die nötige Breite für den Saumeinschlag zu und schneiden den Stoff ab. Dann messen Sie von der Schnittkante aus die Gesamtlänge der Bahn (einschließlich aller Zugaben) ab und schneiden auch die Oberkante ab.

STANGEN, SCHIENEN & GARDINENBRETTER

Die Aufhängung von Vorhängen wirkt sich nicht nur auf die Handhabung, sondern auch auf die Wirkung aus. Sie haben die Wahl zwischen dekorativen Stangen aus Holz oder Metall und Schienen, die man normalerweise hinter einer Blende oder einem Gardinenbrett versteckt. Auch die Verarbeitung der Vorhang-Oberkante muss bedacht werden. Die Möglichkeiten reichen von schlichtem Kräuselband bis zu eingeschlagenen Ösen, die direkt auf die Stange oder einen modernen Spanndraht geschoben werden. Sehr praktisch sind Kräusel- und Faltenbänder, die auf die Oberkante des Vorhangs gesteppt werden. Man bekommt sie in verschiedenen Varianten im Fachhandel.

3 Die erste Bahn wird nun als Schablone verwendet und zum Zuschnitt weiterer Bahnen auf den Stoff gelegt. Muster müssen an den Stoffkanten in Deckung gebracht werden, damit sich beim Zusammennähen der Bahnen kein Versatz im Muster ergibt und der Rapport nicht unterbrochen wird. Nach dem Ausrichten der ersten Bahn den Stoff an Ober- und Unterkante abschneiden. So fortfahren, bis alle Bahnen zugeschnitten sind.

4 Einfarbiger Futterstoff wird gerade ausgerichtet und entsprechend der Maße der Stoffbahnen zugeschnitten. Dann die Stoffbahnen zusammenstecken und dabei wieder die Muster exakt ausrichten, um Versatz zu vermeiden. Die Nähte mit 1,5 cm Zugabe steppen und auseinander bügeln. Dann die Bahnen des Futters ebenso stecken, steppen und bügeln.

5 Den Vorhang ausbreiten, die linke Seite zeigt nach oben. An beiden Seitenkanten 5 cm breite Säume umbügeln. Die Saumbreite an Ober- und Unterkante beträgt 10 cm. An den Ecken kreuzen sich die eingebügelten Bruchlinien. Die Zugaben wieder aufklappen und die Ecken bis zu den eingebügelten Linien einschlagen. Dann die Zugaben wieder einschlagen, sodass so genannte Briefecken entstehen. Nun können auch Bleigewichte in die Ecken eingenäht werden, damit der Stoff besser hängt.

6 Nun die Säume mit Hexenstich annähen und den Vorhang wieder mit der rechten Seite nach unten flach ausbreiten. Das Futter darauf legen, die Oberkanten bündig ausrichten und stecken, dann die Stofflagen in der Mitte aufeinander stecken. Das Futter auf einer Seite über die Nadeln zur Seite schlagen und das Futter entlang der Nadeln mit unsichtbaren Stichen am Oberstoff fixieren. Die Oberkante des Futterstoffs soll die Hexenstiche des oberen Saums gerade abdecken. Das Futter wieder auf dem Stoff ausbreiten und in Abständen von etwa 40 cm auf dem Oberstoff feststecken. An diesen Stellen das Futter mit einigen unsichtbaren Stichen am Oberstoff fixieren. Falls nötig, die Kanten des Futters nachschneiden. Die seitlichen Futterkanten 2,5 cm breit einschlagen und stecken.
Den Futtersaum 5 cm breit einschlagen stecken. Saubere Briefecken arbeiten, dann die Futterkanten auf den seitlichen und unteren Saumeinschlägen des Oberstoffs festnähen.

7 Die Oberkante von Stoff und Futter in der Breite des Falten- oder Kräuselbandes umschlagen und bügeln. Wieder aufklappen und das Futter an der eingebügelten Linie abschneiden. Den Oberstoff wieder umschlagen und heften. Das Vorhangband auf der linken Vorhangseite knapp unterhalb der oberen Bruchkante anlegen. Bei zweiteiligen Vorhängen darauf achten, dass der Faltenwurf auf beiden Teilen symmetrisch ausfällt. Der Abstand zwischen Innenkante und erster Faltengruppe soll auf beiden Vorhangseiten gleich sein.

8 An der Innenseite des Vorhangs die Schnüre aus dem Faltenband ziehen und verknoten. Die Kante des Bandes 2 cm breit einschlagen und bündig an der Vorhangkante ausrichten. An der Außenseite des Vorhangs ebenfalls die Schnurenden herausziehen, aber lose hängen lassen. Auch hier die Kante des Bandes einschlagen. Nun das Band an die Vorhangkante stecken, heften und feststeppen. Dabei die verknoteten Schnüre an der Innenseite mit fixieren. Die Schüre an der Außenseite müssen beweglich bleiben.
Die losen Schnüre in die Hand nehmen und ziehen, sodass sich die Vorhang-Oberkante in Falten legt. Ziehen Sie, bis die gewünschte Vorhangbreite erreicht ist. Nun die Schnüre verknoten, aber nicht abschneiden, damit man zum Waschen die Falten herauslassen kann. Die langen Enden auf einen Schnurwickler wickeln und auf der Rückseite am Faltenband feststecken. Zum Schluss die Vorhänge aufhängen und den Faltenwurf gefällig arrangieren.

Auszugsweise angelehnt an *The Pleasure of Home Furnishing* von Hilary More, mit freundlicher Genehmigung von Cassell Illustrated Ltd.

FALTROLLO

Faltrollos sehen schön schlicht aus und sind einfach zu nähen. Sie bestehen aus einer Stoffbahn mit abgesteppten Tunneln, in die dünne Leisten geschoben werden. Sie sorgen dafür, dass sich der Stoff beim Hochziehen des Rollos in saubere Falten legt. Als dezente Dekoration bietet sich Samtband an.

1 Die benötigte Länge und Breite des Rollos ausmessen und für die Säume und Nahtzugaben 9 cm in der Breite und 10 cm in der Länge zugeben. Den Stoff zuschneiden. Das Futter in der gleichen Länge, aber 12 cm schmaler zuschneiden. Die senkrechte Mitte beider Stoffe mit einem kleinen Einschnitt am Rand markieren. Die Teile rechts auf rechts aufeinander legen, die Seitenkanten stecken und mit 1,5 cm Nahtzugabe senkrecht zusammensteppen. Das Rollo auf rechts wenden und die Mittelmarkierungen aufeinander ausrichten. Das Rollo bügeln, die Samtbänder auf die Seiten stecken und feststeppen.

2 An der Unterkante einen doppelten Saum arbeiten. Die Schnittkante erst 2 cm, dann 3 cm einschlagen, stecken und knapp neben dem Bruch steppen, um einen Tunnel für die erste Leiste zu erhalten. Die Oberkante 2,5 cm breit umbügeln. Einen Streifen Klettband so aufstecken, dass die Schnittkante des Stoffs verdeckt ist, und aufsteppen.

VORHÄNGE SELBST GENÄHT

Sie brauchen
- Oberstoff
- Futterstoff
- Faltenband
- Vorhanghaken
- Passendes Nähgarn
- Bleigarn oder Bleigewichte
- Schnurwickler
- Raffhalter

3 Die Länge des Rollos durch eine ungerade Zahl teilen, um die Anzahl der Leisten zu ermitteln. Soll das Rollo beispielsweise 105 cm lang sein, teilen Sie das Maß durch 7 – das Ergebnis ist 15. Nun in Abständen von jeweils 15 cm jeweils einen Strich als Markierung für die Leisten anbringen.

4 Aus Futterstoff Streifen in der ungesäumten Futterbreite und 10 cm Länge zuschneiden. Die Enden 1,5 cm breit umschlagen, dann die Streifen längs zur Hälfte falten. Die Schnittkanten zusammenheften, um Tunnel zu erhalten. Die gefalteten Streifen an den Kreidemarkierungen auf der Rollorückseite ausrichten, heften und durch alle Stofflagen hindurch aufsteppen.

5 10 cm von den Rollo-Seitenkanten entfernt Markierungen auf den Tunneln anbringen und hier kleine Ringe an die Bruchkanten nähen. Dünne Leisten oder Rundhölzer in passender Länge zuschneiden und in die Tunnel und den unteren Saumumschlag schieben. Eine dickere Leiste in der Breite des Rollos zusägen und auf der Oberkante Klettband befestigen. 10 cm von den Enden entfernt in die Unterkante der Leiste Schraubösen drehen. Die Leiste an der Wand oder dem Fensterrahmen befestigen.

6 An den beiden untersten Ringen des Rollos je ein langes Stück Schnur festknoten und durch die darüber liegenden Ringe führen. Das Rollo am Klettband der Leiste befestigen. Die linke Schnur durch die rechte Schrauböse fädeln, die rechte Schnur durch die linke Schrauböse. Durch Zug an den Schnüren das Rollo hochziehen und den Faltenwurf kontrollieren. Die Schnurenden verknoten und zur Befestigung eine kleine Klampe an der Wand oder dem Fensterrahmen anbringen.

ZWEIFARBIGES ROLLO

Dieses Rollo aus zwei kontrastfarbigen Stoffen ist ganz einfach zu nähen. Es wird nur eine Schnur benötigt, die durch Ringe auf beiden Seiten des Rollos geführt wird und es in hochgezogenem Zustand hält. Zwei gleiche Stücke aus verschiedenen Stoffen zuschneiden. Zur fertigen Größe in der Breite 2 cm und in der Länge 6 cm zugeben. Einen Stoff mit der linken Seite nach oben ausbreiten und alle vier Kanten 0,5 cm breit umbügeln. Das zweite Stoffstück ebenso vorbereiten, dann beide links auf links legen und an drei Seiten zusammensteppen. An der Unterkante einen Rundstab einschieben und knapp darüber absteppen, damit er nicht verrutschen kann. Zur Befestigung eine Leiste von 2,5 cm Kantenlänge auf Rollobreite zuschneiden. Stoffreste auf die Leistenenden legen und festtackern. Nun die Oberkante des Rollos zusteppen. Zwei Stücke Textilband von 34 cm zuschneiden. Auf jedes einen Ring ziehen, dann das Band doppelt legen. Die Schlaufen je ein Viertel der Rollobreite von den Seiten entfernt ans Rollo stecken. Dann Rollo und Schlaufen an die Leiste tackern. Zum Schluss die Schnur durchziehen und prüfen, ob sich das Rollo leicht bewegen lässt.

FALTROLLOS SELBSTGEMACHT

Gut geeignet ist Leinen, Sie können aber auch andere nicht dehnbare Stoffe verwenden.

* Weil das Futter vom Raum her nicht sichtbar ist, genügt ein einfacher, weißer Stoff.
* Samtband sieht edel aus, aber auch Borten und Litzen sind als Dekoration geeignet
* Klettband (eine Seite zum Nähen, eine zum Kleben)
* Schneiderkreide
* kleine Metallringe
* Rundhölzer, z. B. für Holzdübel
* Holzleiste, 2,5 x 2,5 cm Querschnitt
* Schraubösen
* Jalousienschnur
* Klampe

Fliesen

Fliesen sind nicht nur praktisch und leicht zu reinigen, sie können auch ausgesprochen attraktiv aussehen.

Ehe Sie Fliesen einkaufen, sehen Sie sich im Fachhandel ausgiebig um. Das Angebot reicht von schlicht weißen Fliesen, die sauber und zweckmäßig aussehen, bis zu Mosaik aus Glas und Keramik, das viel leichter anzubringen ist, als man meinen möchte.

VORBEREITUNG DES UNTERGRUNDS

Auf einer glatt glasierten Fliesenfläche fallen kleine Wellen und Dellen sofort ins Auge. Darum muss der Untergrund zum Fliesen nicht nur sauber und trocken, sondern so glatt wie möglich sein.

VERPUTZ UND GIPSKARTON-PLATTE

Sofern sie sauber und trocken sind, eignen sich Verputz und Gipskartonplatten als Untergrund zum Fliesen sehr gut. Eventuelle Unebenheiten werden einfach mit Füllspachtel ausgeglichen. Loser Verputz muss jedoch ganz abgeschlagen und erneuert werden. Sollen Gipskartonplatten im Bereich einer Dusche gefliest werden, müssen Sie sie zuerst mit mindestens zwei Schichten einer geeigneten Versiegelung vor Feuchtigkeit schützen.

GESTRICHENER UNTERGRUND

Lack- und Dispersionsfarbe müssen gründlich mit grobem Schleifpapier angeraut werden, damit Fliesen darauf haften. Lose Farbe wird mit einem Spachtel entfernt.

TAPETE

Tapeten und ähnliche Beschichtungen müssen grundsätzlich restlos entfernt werden, um den darunter liegenden nackten Verputz frei zu legen.

ALTE FLIESEN

Ist die geflieste Fläche eben und in gutem Zustand, kann sie durchaus übergefliest werden. Die Oberfläche muss nicht angeraut werden. Wichtig ist nur, dass sie sauber und trocken ist. Stark beschädigte Fliesen sollten ersetzt werden. Die Fugen der neuen Fliesen sollten nicht genau auf denen der alten liegen.

SPERRHOLZ UND SPANPLATTE

Sperrholz, Span- und MDF-Platte müssen vor dem Fliesen versiegelt werden. Dazu genügt PVA-Leim, der 1:1 mit Wasser verdünnt wird. Wenn Sie Bootsbausperrholz oder Spanplatte für den Außenbereich verwenden, kann die Versiegelung entfallen.

WERKZEUG UND UTENSILIEN

- Wasserwaage
- Leisten
- Maurerlot zum Anzeichnen von Senkrechten
- Nägel
- Zange
- Fliesenschneider (manuell oder elektrisch)
- Fliesensäge
- Fliesenbrechzange („Papageienschnabel“)
- wasserfester Filzstift
- Zahnspachtel
- kleine Fugenkelle
- kleiner Synthetikschwamm
- Abstandhalter (Fugenkreuze in der gewünschten Fugenbreite)

MAUERWERK
Mit einer ausreichend dicken Kleberschicht kann man Fliesen sogar direkt auf unverputztes Mauerwerk kleben. Das ist jedoch recht schwierig, darum ist es empfehlenswert, die Mauern zuerst mit Gipskartonplatten zu verkleiden. Auf die trockenen, sauberen Mauersteine werden in Abständen von etwa 50 cm Kleckse eines geeigneten Baustoffklebers gesetzt. Dann die Gipskartonplatten andrücken und den Kleber abbinden lassen, ehe die Fliesen an die Reihe kommen.

EINE WAND FLIESEN

DIE RICHTLEISTE
Die erste Regel beim Fliesen lautet, dass sie gerade verlaufen sollen. Die zweite besagt, dass Fußböden, Sockelleisten oder Badewannenränder selten gerade sind.
Darum sollten Sie grundsätzlich im Abstand einer Fliesenhöhe über dem Fußboden eine Leiste (oder bei Bedarf mehrere) mit der Wasserwaage genau ausrichten und festnageln. Beim späteren Einpassen der letzten Reihe werden Sie feststellen, dass Sie einige Fliesen schneiden müssen. Sind mehrere Leisten nötig, werden alle mit der Wasserwaage ausgerichtet. Messen Sie mit einem Stahl-Bandmaß oder Lineal an mehreren Stellen den Abstand zwischen Leiste und Fußboden oder Fußleiste. Wo dieses Maß am größten ist, liegt die tiefste Stelle des Bodens. Stellen Sie hier eine Fliese aufrecht, lösen Sie die Leiste und bringen Sie sie wieder mit der Wasserwaage so an, dass ihre Oberkante mit der Oberkante der stehenden Fliese abschließt. Besteht der Untergrund aus alten Fliesen, bohren Sie mit einem Steinbohrer ein Loch. Ein Leistenende fixieren, dann die Leiste waagerecht ausrichten und das andere Ende ebenso fixieren. Anschließend die Leiste mit mehreren kräftigen Nägeln gut befestigen. Wenn mehrere Wände gefliest werden, ermitteln Sie den tiefsten Punkt ebenso und bringen an allen Wänden Leisten in der gleichen Höhe an.

DIE ANORDNUNG
Die Fliesen werden die Wand nicht exakt ausfüllen, also müssen einige geschnitten werden. Im Idealfall ordnet man die Fliesen so an, dass auf beiden Seiten der Wand geschnitten wird. Wichtig ist allerdings, dass die Breite der geschnittenen Stücke mindestens der halben Originalbreite entspricht.

Eine Reihe Fliesen am Fuß der Wand auslegen und schmale Zwischenräume für die Fugen frei lassen. Findet keine ganze Fliese mehr Platz, schieben Sie die Reihe so hin und her, dass an beiden Seiten gleich große Lücken entstehen. Sind diese Lücken zu schmal, um passende Stücke zuzuschneiden, nehmen Sie eine Fliese aus der Reihe. Nun die Position der ersten ganzen Fliese der Reihe mit Bleistift auf der Oberseite der Leiste markieren, denn hier beginnen Sie mit dem Aufkleben.

Unter der Decke eine Lotschnur an die Wand halten und das Lot genau auf die Bleistiftmarkierung trifft. Die Senkrechte an der Wand anzeichnen und an dieser Linie eine weitere Leiste anbringen, die im rechten Winkel zur waagerechten Leiste steht.

Eine Fliese auf die waagerechte Leiste setzen und an die senkrechte schieben – sie sollte genau in den Winkel passen. Ist das nicht der Fall, prüfen Sie Ihre Maße noch einmal. Wahrscheinlich ist eine der Leisten doch nicht genau waagerecht oder senkrecht.

FENSTER UND ANDERE HINDERNISSE

Als Markierungshilfe verwenden Sie eine gerade Leiste, auf der die Fliesenbreiten (einschließlich Fugen) angezeichnet sind. Die Leiste muss mindestens vier Fliesen breiter als das Fenster sein. Die Leiste so an das Fenster halten, dass sie zu beiden Seiten gleich weit übersteht. Dieser Überstand entspricht mindestens einer Fliesenbreite sowie einer Lücke, die mit einer geschnittenen Fliese gefüllt wird. Die äußeren Ränder der geschnittenen Fliesen mit Bleistift auf der Wand anzeichnen. Eine Lotschnur auf der Seite des Fensters aufhängen, die näher an einer Ecke liegt, das Lot auf einer Markierung der Leiste ausrichten und die Senkrechte anzeichnen. Wiederum mit der Lotschnur eine Senkrechte anzeichnen, die die dem Fenster nächstgelegene Bleistiftmarkierung verlängert. An der Senkrechten eine Leiste mit einigen Nägeln befestigen. Die Nägel nur leicht einschlagen, sie sollen die Leiste lediglich fixieren. Eine Fliese auf die waagerechte Leiste setzen, an die senkrechte schieben und prüfen, ob sie passt.

FLIESEN ANBRINGEN

Den Fliesenkleber nach Packungsaufschrift anrühren und mit dem Zahnspachtel gleichmäßig etwa 3 mm dick auf die Wand auftragen. Beginnen Sie damit im Winkel, den die senkrechte und waagerechte Leiste bilden. Bedecken Sie nicht mehr als einen Quadratmeter Wandfläche pro Arbeitsgang. Den Zahnspachtel im Winkel von 45° ansetzen und durch den feuchten Kleber ziehen, sodass ein Streifenmuster entsteht. So fällt die Schichtstärke gleichmäßiger aus und beim Andrücken der Fliesen entsteht eine Sogwirkung, die den Halt verbessert. Ab und zu den Zahnspachtel mit einem Lappen abwischen. Eine Fliese in die Ecke setzen, die von den beiden Leisten gebildet wird, und andrücken. Dabei auf alle vier Ecken gleichmäßigen Druck ausüben. Die nächsten Fliesen ebenso anbringen, dabei in die Zwischenräume Abstandkreuze setzen, damit die Fugen gleichmäßig ausfallen. Nach frühestens 12 Stunden die Leisten entfernen. Vorstehende Abstandhalter werden ebenfalls entfernt. Sie können nochmals benutzt werden. Die unterste Fliesenreihe ebenso mit Fliesenkleber anbringen und 12 Stunden trocknen lassen. Dann Fugenmasse anrühren und mit einem Schwamm oder Gummischaber in die Fugen drücken. Die Oberfläche mit einem sauberen Schwamm abwischen, die Fugen mit einem Stück Rundholz glätten und die Oberfläche nochmals abwischen.

Auszugsweise angelehnt an *Reader's Digest Complete DYI Manual* mit freundlicher Genehmigung von Reader's Digest Ltd.

DEN BEDARF EINSCHÄTZEN

* Manche Fliesen werden einzeln verkauft, andere kartonweise und wieder andere pro Quadratmeter. Um die Größe einer Fläche zu ermitteln, multiplizieren Sie ihre Höhe (oder Länge) mit ihrer Breite. Viele Hersteller stellen Tabellen bereit, aus denen man den Mengenbedarf verschiedener Fliesentypen pro Quadratmeter ablesen kann. Auch auf Kartons ist meist angegeben, für welche Fläche der Inhalt ausreicht.
* Wer verschiedenfarbige Fliesen verwenden oder einfarbige mit gemusterten Fliesen kombinieren will, sollte die Anordnung auf Karopapier vorzeichnen, um den Bedarf besser einschätzen zu können.
* Weil leichte Farbabweichungen häufig vorkommen, sollten Sie die Fliesen mischen. Dazu einfach mehrere Kartons öffnen und die Fliesen abwechselnd entnehmen.

Tapete

VORARBEITEN

Zuerst wird das Zimmer ausgeräumt. Dann legen Sie Planen aus, nehmen die Wandlampen ab und streichen die Decke. Wenn Sie allerdings alte Tapeten mit einem Dampfgerät ablösen, sollten Sie die Decke erst danach streichen, weil der Dampf Flecken verursachen kann. Nach dem Entfernen der alten Tapete Risse und Schäden in der Wand spachteln. Wird auf nacktem Verputz tapeziert, sollte er mit Tiefgrund gestrichen werden, damit er nicht zu viel Tapetenkleister aufsaugt.
Tapetenkleister-Kleckse auf Holzflächen müssen sofort abgewischt werden.

KLEISTER ANRÜHREN UND TAPETE ZUSCHNEIDEN

Den Kleister gemäß Herstelleranweisung in einem Eimer mit kaltem Wasser unter kräftigem Rühren auflösen. Es dürfen sich keine Klumpen bilden. Dann den Kleister mindestens 20 Minuten quellen lassen. Inzwischen die Tapete zuschneiden. Die Wandhöhe ausmessen und 10 cm zum exakten Beschneiden zugeben. Weil Wände nie ganz gleichmäßig sind, messen Sie an der höchsten Stelle. Nur bei sehr ungleichmäßiger Höhe wird jede Bahn separat zugeschnitten. Die erste Tapetenbahn mit der bedruckten Seite nach unten auf dem Tapeziertisch entrollen und die exakte Länge mit einem Bleistift (keinen anderen Stift verwenden!) anzeichnen. Weitere Bahnen zuschneiden und darauf legen. Bei Tapeten mit Muster muss auf den Rapport geachtet werden. Am besten nummerieren Sie die Bahnen, damit Sie wissen, in welcher Reihenfolge sie verarbeitet werden. Liegen alle Bahnen auf dem Tapeziertisch, wird die erste von der Mitte zu den Enden mit Kleister bestrichen. Dann beide Enden zur Mitte klappen und die Bahn zum Weichen beiseite legen. Die Dauer der Einweichzeit ist auf der Kleisterverpackung angegeben. Inzwischen weitere Bahnen einkleistern und ebenfalls zum Weichen beiseite legen.

ANKLEBEN DER TAPETE

Die erste Bahn wird an eine Wand geklebt, in der sich ein Fenster befindet. Man arbeitet immer von der größten Lichtquelle weg, damit Überlappungen keine Schatten werfen. Rechtshänder arbeiten im Uhrzeigersinn, Linkshänder entgegengesetzt.
50 cm von der Ecke entfernt an der Decke eine Markierung anbringen. Dort eine etwa 1,20 Meter lange Lotschnur aufhängen und die Senkrechte anzeichnen. Ein Ende einer eingekleisterten Tapetenbahn

WERKZEUGE UND UTENSILIEN

* Tapeziertisch (übliches Maß 2,50 m x 70 cm)
* sauberer Quast zum Einkleistern
* Plastikeimer zum Anrühren des Kleisters. Zwischen den Henkelenden eine Schnur zum Absteifen und ablegen des Quasts spannen.
* Tapezierschere (25 cm lange Klingen)
* Tapeziermesser
* Lotschnur für exakt senkrechte Markierungen
* Tapezierbürste (18–25 cm) zum Ausstreichen von Falten und Blasen
* Für vorgekleisterte Tapete ist ein Wassertrog erforderlich
* Lineal oder Schiene zum Schneiden gerader Kanten
* Nahtrolle zum Andrücken der Nähte
* Schwamm zum Abwischen herausquellenden Kleisters

vorsichtig entfalten, etwas oberhalb der Deckenkante ansetzen und beim weiteren Entfalten mit der rechten Kante an der Bleistiftmarkierung ausrichten. Zuerst mit der Hand, dann mit einer Tapezierbürste andrücken. Dabei auch Luftblasen unter der Tapete sorgfältig herausstreichen. Ist die Bahn verklebt, am oberen und unteren Ende den Falz zur Decke und zum Fußboden mit einem Lineal oder einer Schere nachziehen, die Tapete vorsichtig lösen, auf der Falzmarkierung abschneiden und wieder andrücken. Die nächste Bahn ebenso anbringen. Dabei sollen die senkrechten Kanten möglichst auf Stoß geklebt werden. Muster werden exakt ausgerichtet. Sind zwei oder drei Bahnen befestigt, werden die Nähte mit einer Nahtrolle nochmals angedrückt.

INNENECKEN TAPEZIEREN

Um eine Innenecke eines Raums oder einer Nische zu tapezieren, messen Sie zuerst oben und unten den Abstand zwischen der zuletzt verklebten Bahn und der Ecke. Den größeren Wert notieren und 1,5 cm addieren. Eine Bahn Tapete in dieser Breite zuschneiden und den abfallenden Streifen aufbewahren. Er wird als erste Bahn auf die angrenzende Wand geklebt. Die Tapetenbahn einkleistern, ankleben und mit der Bürste sorgfältig in die Ecke drücken. Die Breite des Verschnittstreifens messen und im gleichen Abstand zur Ecke die Lotschnur auf die angrenzende Wand hängen. Die Senkrechte anzeichnen. Beim Ankleben des Tapetenstreifens seine rechte Kante an der Senkrechten ausrichten. Er wird die Tapetenbahn, die um die Ecke geführt wurde, etwas überlappen. Bei Mustertapeten muss auf einen möglichst unauffälligen Ansatz geachtet werden.

AUSSENECKEN TAPEZIEREN

Außenecken findet man beispielsweise an Kaminen und anderen Vorsprüngen. Die Wand normal tapezieren, bis der Abstand zur Ecke geringer als eine Tapetenbreite ist. Den Abstand zwischen Tapetenkante und Ecke oben, unten und in der Mitte messen, 2,5 cm zugeben und eine Tapetenbahn in dieser Breite zuschneiden. Die Bahn ankleben und den Überstand um die Ecke führen. Blasen mit der Tapezierbürste sorgfältig ausstreichen. Dann den Verschnittstreifen auf Stoß neben die um die Ecke geführte Bahn kleben und das Muster genau ausrichten. Weitere Bahnen ankleben, bis die nächste Innenecke erreicht ist. Ehe Sie mit der dort anschließenden Wand fortfahren, benutzen Sie die Lotschnur, um eine senkrechte Anfangslinie zu erhalten. Bei unregelmäßigen Wänden ist es einfacher, die Nähte nicht auf Stoß, sondern überlappend zu kleben.

TAPEZIEREN UM RUNDE LICHTSCHALTER

Selbstverständlich wird zuerst die Sicherung ausgeschaltet. Die Tapete normal anbringen, bis sie den Lichtschalter erreicht. Mitten über dem Lichtschalter mit einer kleinen Schere ein Loch einstechen und die Tapete diagonal kreuzweise einschneiden. Dann die Kontur des Schalters mit der Schere auf der Tapete abdrücken. Dabei die dreieckigen „Zipfel" auf den Schalter drücken. Die Rundung ausschneiden, aber knapp neben der angezeichneten Kontur, sodass die Tapete ein kleines Stück auf den Lichtschalter ragt und keine Lücken bleiben, durch die die Wand sichtbar ist. Wenn der Kleister während des Ausschneidens angetrocknet ist, einfach etwas mehr auftragen. Dann die Tapete mit der Bürste rings um den Schalter andrücken und die restliche Bahn wie gewohnt befestigen.

TAPEZIEREN UM SCHALTER UND STECKDOSEN MIT BLENDEN

Zuerst die Sicherung ausschalten und die Blenden abnehmen. Die Tapete wie gewohnt ankleben, bis der Schalter oder die Steckdose erreicht ist. Wieder ein Loch einstechen und die Tapete über Kreuz diagonal bis zu den Ecken des Schalters einschneiden. Die vier Ecken zurückklappen und so abschneiden, dass sie gut unter die Blende passen. Die Blende behutsam wieder anbringen.
Nun die Tapete mit der Bürste andrücken, dabei eventuelle Luftblasen ausstreichen. Die restliche Tapetenbahn wie gewohnt ankleben.

EINE BORDÜRE ANKLEBEN

Das Vorgehen ist ähnlich wie beim normalen Tapezieren, allerdings lässt man Bordüren nicht so lange weichen und legt sie wie eine Ziehharmonika zusammen, damit sie sich besser handhaben lassen. Die Bordüre entlang der Deckenkante aufkleben und an den Ecken 1 cm überlappen lassen. Wenn Fenster oder Türen eingerahmt werden sollen, lässt man die Bordüre an den Ecken überlappen und schneidet dann durch beide Lagen im Winkel von 45°, um einen sauberen Anschluss zu erhalten. Die überschüssigen Bordürenteile werden vorsichtig abgezogen.

MENGEN EINSCHÄTZEN

* Wer gemusterte Tapete mit großem Rapport verarbeitet, sollte eine oder zwei Rollen in Reserve kaufen. Das ist auch sinnvoll, falls einmal eine Panne passiert. Die meisten Geschäfte nehmen originalverpackte Rollen zurück und erstatten den Kaufpreis, wenn man den Kassenbeleg vorweisen kann. Achten Sie darauf, dass alle Rollen die gleiche Partienummer haben. Ist das nicht möglich, verwenden Sie die Partie, von der die geringere Menge vorhanden ist, für Bereiche, in denen Abweichungen nicht auffallen.
* Die meisten Tapetenrollen haben ein Maß von 10 m Länge und 530 mm Breite. Vermessen Sie die Räume immer mit einem Stahl-Maßband und ignorieren Sie beim Berechnen der Flächen Türen und Fenster. Den anfallenden Verschnitt kann man fast immer gut gebrauchen.

Auszugsweise angelehnt an *Reader's Digest Complete DYI Manual* mit freundlicher Genehmigung von Reader's Digest Ltd.

Polster & Co.

Wer selbst Bezüge für Kissen und Polstermöbel näht, wird völlig neue Möglichkeiten entdecken. Und je mehr man schneidert, desto geübter wird man.

1 Ein Stück Stoff zuschneiden, dass die Vorderseite und die Polsterung der Rückenlehne bedeckt. Rundherum etwa 7,5 cm zugeben. Den Stoff mit der linken Seite nach oben auf dem Sessel feststecken.

2 Je ein Stück Stoff für die Ober- und Seitenflächen der Armlehnen zuschneiden und wieder rundherum 7,5 cm zugeben. Mit der linken Seite nach oben auf die Armlehnen stecken. Beim Zuschneiden der Rundungen die Nahtzugaben in Abständen von 2,5 cm V-förmig einschneiden, damit die Nähte sich später besser wenden lassen.

3 Ein Stück Stoff für die Sitzfläche und die vordere Verkleidung zuschneiden. Rundherum 7,5 cm zugeben und den Stoff mit der linken Seite nach oben auf den Sessel stecken.

4 Zwei Stücke für die Vorderseiten der Armlehnen zuschneiden. Die Länge entspricht der vorderen Verkleidung, die Zugabe ringsherum 5 cm. Den Stoff mit der linken Seite nach oben an die Armlehnen stecken.

5 Auch für die Rückseite der Lehne ein passendes Stück zuschneiden und die Länge den anderen Teilen anpassen. Mit der linken Seite nach oben feststecken.

6 Zwei Seitenteile mit ringsherum 5 cm Zugabe zuschneiden. Mit der linken Seite nach feststecken.

7 Alle überstehenden Nahtzugaben auf 1,5 cm zurückschneiden. Alle Teile der Husse zusammenstecken, dabei oben beginnen. Die Nadeln, mit denen der Stoff am Sessel befestigt war, abnehmen. Sind alle Teile gut mit einander verbunden, die Husse vorsichtig abnehmen. Die Nähte mit der Nähmaschine steppen und die Nadeln entfernen. Den Saum doppelt umschlagen, sodass die Husse die gewünschte Länge erhält, und feststeppen. Dann die Husse bügeln.

BEZOGENES KOPFTEIL

1 Eine Papierschablone in den Maßen des Kopfteils anfertigen und zwei Stücke Stoff zuschneiden, die etwas größer sind. Die Papierschablone auf ein Teil legen und in 2,5 cm Abstand die Kontur mit Schneiderkreide nachzeichnen, um die Nahtzugabe zu erhalten. Die Schablone abnehmen, das zweite Stoffstück ebenso vorbereiten, dann beide auf den Kreidelinien ausschneiden.

DIE WICHTIGSTEN STICHE

* **Hexenstich.** Dies ist eine Art doppelter Hexenstich, den man zum leichten Fixieren von Säumen verwendet. Es wird von links nach rechts gearbeitet. Das Fadenende fixieren und einen winzigen Rückstich im der Rückseite des Oberstoffs arbeiten. Die Nadel nach rechts führen und einen größeren Stich durch den Saumeinschlag arbeiten.

* **Saumstich.** Dies ist der beste Stich zum Annähen von Säumen oder umgeschlagenen Stoffkanten. Es wird von rechts nach links gearbeitet. die Nadel 1 cm im Bruch des Saums entlang führen, dann ausstechen und einen oder zwei Gewebefäden auf der Rückseite des Oberstoffs aufnehmen. Von der Außenseite soll der Stich nahezu unsichtbar sein. Beim Zusammennähen von zwei Bruchkanten die Nadel erst 1 cm weit im einen Bruch führen, dann zum anderen durchstechen und unter diesem 1 cm weit führen.

2 Um den Bezug der Stärke des Kopfteils anzupassen, wird ein schmaler Formstreifen benötigt. Seine Länge entspricht der Länge der Oberkanten und der beiden Seiten des Kopfteils, seine Breite der Brettstärke. Beim Zuschnitt ringsherum 2,5 cm zugeben. In der gleichen Länge aus Leinen einen Streifen im schrägen Fadenlauf zuschneiden. Den Paspelstreifen kantenbündig rechts auf rechts an die Kante des Vorderteils stecken.

3 Für die Bänder acht Stoffstreifen von 30 x 6 cm zuschneiden, längs zur Hälfte legen und die offenen Kanten zusammensteppen. Wenden und flach bügeln.

4 Den Formstreifen rechts auf rechts an das Vorderteil stecken, sodass der Paspel zwischen den beiden Stoffteilen liegt.

5 Zwei Bänder zwischen Paspel und Formstreifen schieben, eins etwa auf einem Viertel der Höhe, das andere auf drei Vierteln. Die Bänder feststecken. Auf der anderen Seite ebenso verfahren. Die Teile mit 1,5 cm Nahtzugabe zusammenstecken. Das hintere Bezugsteil rechts auf rechts kantenbündig an der freien Kante des Formstreifens ausrichten und feststecken. Pro Seite zwei Bindebänder auf gleicher Höhe wie am Vorderteil einschieben und feststecken. Die Naht mit 1,5 cm Zugabe steppen.

6 Den Saum an der Unterkante des Bezugs 2 cm breit umbügeln und steppen. Alle Schnittkanten mit Zickzackstich versäubern, damit sie nicht ausfransen. Den Bezug wenden, bügeln und über das Kopfteil des Betts ziehen. Dann die Schleifen zubinden.

STUHLBEZUG MIT KNÖPFEN

1 Ein Stück Papier auf den Sitz legen und die Kontur nachzeichnen, um eine Schablone zu erhalten. Ebenfalls auf dem Papier im 12 cm Abstand zur Sitzkontur eine weitere Linie ziehen, die die Länge des Überhangs markiert. Die Seiten der Enden und die Seiten der seitlichen Überhänge um 4 cm verlängern, sodass sie um die Stuhlbeine herum reichen. Die hinteren Ecken abrunden.

2 Die Schablone auf den Stoff legen und mit 1,5 cm Nahtzugabe zuschneiden. Auf den Ecken der Schablone einen 4 cm breiten Beleg anzeichnen. Diesen Beleg zweimal aus Stoff zuschneiden, dabei rundherum 1,5 cm Nahtzugabe berücksichtigen.

3 An der Außenseite des Beleges einen Saum umbügeln und steppen. Die Belege rechts auf rechts auf die Ecken des Stuhlbezugs legen, stecken und steppen. Dabei im Bereich der Rundung eine gleichmäßige Nahtzugabe von 1,5 cm einhalten. Die Belege nach links wenden und bügeln.

4 Die Kanten von seitlichen und vorderem Überstand an den vorderen Ecken rechts auf rechts zusammenstecken und mit 1,5 cm Nahtzugabe steppen. Die Nahtzugabe auseinander bügeln.

5 Ringsherum einen 1,5 cm breiten Saum nach rechts umbügeln. Ein Samtband so auf den Rand stecken, dass es die Schnittkante verdeckt, und knappkantig aufsteppen. Den Bezug auf den Stuhl legen, die Überstände um die Stuhlbeine schlingen und die Positionen der Knopflöcher anzeichnen. Die Knopflöcher von Hand oder mit der Maschine arbeiten und passende Knöpfe annähen.

EINGEFASSTE DECKE

1 Zuerst die Abmessungen der fertigen Decke festlegen. In Länge und Breite je 20 cm von den fertigen Maßen subtrahieren und in dieser Größe zuzüglich 1,5 cm Nahtzugabe ein Stück Wollstoff zuschneiden. Eine Tagesdecke für ein Doppelbett muss eventuell aus mehreren Stoffstücken zusammengesetzt werden.

2 Mit Schneiderkreide auf Leinen zwei Streifen von 20 cm Breite anzeichnen. Auf den Streifen die Breite des zugeschnittenen Wollstoffs anzeichnen. An den Enden dieses Maßes mit einem Zeichendreieck rechte Winkel für die Ecken anzeichnen. Ringsherum 1,5 cm Nahtzugabe zugeben und zuschneiden. Einen zweiten Streifen in der Breite und zwei Streifen in der Länge des Wollstoffs ebenso zuschneiden.

3 Die Ecken der Leinenstreifen rechts auf rechts zusammenstecken und mit 1,5 cm Nahtzugabe mit der Nähmaschine zusammensteppen. Die Ecken abschneiden.

4 Die Einfassung, die jetzt einen Rahmen bildet, rechts auf rechts an die entsprechenden Kanten des Wollstoffs stecken. Alle 4 Schnittkanten bündig ausrichten, stecken und mit 1,5 cm Nahtzugabe steppen.

5 Die Ecken der Einfassung nach rechts wenden und auf die rechte Seite des Wollstoffs legen. Den Rand der Einfassung 1,5 cm breit umbügeln. Ein Band so auf die Einfassung legen, dass es die Schnittkante des umgeschlagenen Saums abdeckt, und knappkantig feststeppen.

PATCHWORK-BETTDECKE

1 Aus Resten von Leinen und Baumwollstoffen Rechtecke gleicher Höhe, aber verschiedener Breite ausschneiden. Die Stücke auf einem Tisch auslegen, um das Muster für die Decke zusammenzustellen.

2 Die Stoffstücke des ersten Streifens rechts auf rechts zusammenlegen, heften und mit 1 cm Nahtzugabe steppen. Die anderen Streifen ebenso vorbereiten, dann alle Nahtzugaben auseinander bügeln.

3 Nun jeweils zwei zusammengesetzte Streifen mit einer Längskante rechts auf rechts zusammenlegen, heften und mit 1 cm Nahtzugabe steppen. Sind alle Streifen zu einer Fläche zusammengesetzt, die Nahtzugaben auseinander bügeln.

4 Aus Samt im schrägen Fadenlauf lange Streifen von 8 cm Breite zuschneiden. Die Streifen mit 1 cm Nahtzugabe zusammensetzen, bis ihre Länge ausreicht, um die ganze Außenkante der Decke einzufassen.

5 Die Decke sowie Futterstoff in der Größe der Decke links auf links ausbreiten. Den Samtstreifen längs zur Hälfte falten und beide Schnittkanten über die Kante von Decke und Futter schieben und feststecken. An den Ecken den Samtstreifen in Falten legen. Den Streifen 1 cm von der Kante entfernt feststeppen.

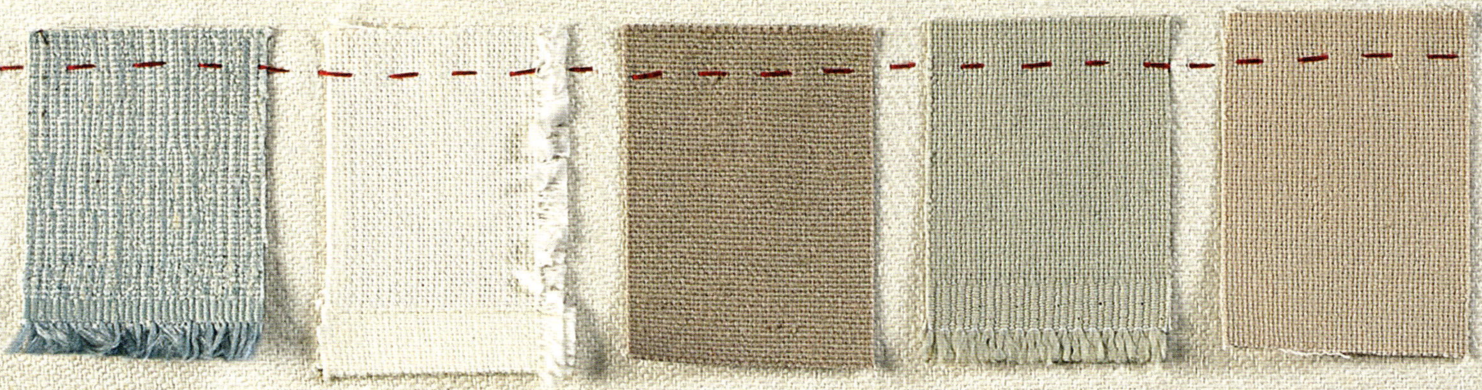

Bezugsquellen

UK

STOFFE & TAPETEN

ABBOTT & BOYD
(020) 7351 9985
www.abbottandboyd.co.uk

BAER & INGRAM
(01373) 813800
www.baer-ingram.com

BEAUMONT & FLETCHER
(020) 7352 5594
www.beaumontandfletcher.com

BUSBY & BUSBY
(01258) 881211
www.busbyfabric.com

CABBAGES & ROSES
(020) 7352 7333
www.cabbagesandroses.com

CATH KIDSTON
(020) 7935 6555; (020) 7229 8000
www.cathkidston.co.uk

CHELSEA TEXTILES
(020) 7584 0111 (fabrics);
(020) 7584 5544 (products)
www.chelseatextiles.com

CHRISTOPHER MOORE TEXTILES
(020) 8741 3699 (appointment only) www.thetoileman.com

COLEFAX AND FOWLER
(020) 8877 6400
www.colefax.com

COLE & SON
(020) 7376 4628
www.cole-and-son.com

DENIM IN STYLE
(01666) 500051
www.deniminstyle.co.uk

DESIGNERS GUILD
(020) 7351 5775
www.designersguild.com

G P & J BAKER
(01202) 266700
www.gpjbaker.com

JEAN MONRO
(020) 8971 1712
www.jeanmonro.co.uk

JOHN LEWIS
0845 604 9049
www.johnlewis.com

LAURA ASHLEY
0870 562 2116
www.lauraashley.com

LEE JOFA
(01202) 266800
www.leejofa.com

LEWIS & WOOD
(01453) 860080
www.lewisandwood.co.uk

THE NATURAL FABRIC COMPANY
(01295) 730064
www.naturalfabriccompany.com

OSBORNE & LITTLE
(020) 7352 1456
www.osborneandlittle.com

RALPH LAUREN HOME
(020) 7535 4600
www.rlhome.polo.com

ROMO
(01623) 756699
www.romofabrics.com

SANDBERG
0800 967222
www.sandbergtapeter.com

SANDERSON
(01895) 830044
www.sanderson-uk.com

WARNER FABRICS
(020) 8971 1713
www.warnerfabrics.com

ZOFFANY
0870 830 0350
www.zoffany.com

BODENBELÄGE

ALLIED CARPETS
08000 932932
www.alliedcarpets.co.uk

THE ALTERNATIVE FLOORING COMPANY
(01264) 335111
www.alternativeflooring.com

AMTICO
0800 667766
www.amtico.com

BLENHEIM CARPETS
(020) 7823 6333
www.blenheim-carpets.com

B&Q
0845 222 1000
www.diy.com

BRUCE HARDWOOD FLOORS
(02476) 321131
www.bruce.com

CORMAR CARPETS
(01204) 881234
www.cormarcarpets.co.uk

DALSOUPLE
(01278) 727 733
www.dalsouple.com

DOMUS TILES
(020) 7091 1500
www.domustiles.com

JOHN LEWIS
0845 604 9049;
www.johnlewis.com

JUNCKERS
(01376) 534 700
www.junckershardwood.com

PARIS CERAMICS
(020) 7371 7778
www.parisceramics.com

THE NATURAL FLOOR COMPANY
(01737) 823666
www.thenaturalfloorcompany.com

THE NATURAL WOOD FLOOR COMPANY
(020) 8871 9771
www.naturalwoodfloor.co.uk.

ORIGINAL STONE COMPANY
(01283) 501090
www.originalstoneco.co.uk

QUICK-STEP
(00 32) 56 67 52 11
www.quick-step.com

SINCLAIR TILL
(020) 7720 0031
www.sinclairtill.co.uk

STONE AGE
(020) 7384 9090
www.estone.co.uk

TERRA FIRMA TILES
(020) 7485 7227
www.terrafirmatiles.co.uk

ULSTER CARPETS
(0808) 1000979
www.ulstercarpets.com

WORLD'S END TILES
(020) 7819 2100
www.worldsendtiles.co.uk

BELEUCHTUNG

BELLA FIGURA
(020) 7376 4564; 07000 235523
www.bella-figura.co.uk

BEST AND LLOYD
(01214) 556400
www.bestandlloyd.co.uk

CHRISTOPHER WRAY LIGHTING
(020) 7751 8701
www.christopherwray.com

GEOFFREY HARRIS LIGHTING
(020) 7228 6101
www.geoffreyharris.co.uk

JOHN CULLEN LIGHTING
(020) 7371 5400
www.johncullenlighting.co.uk

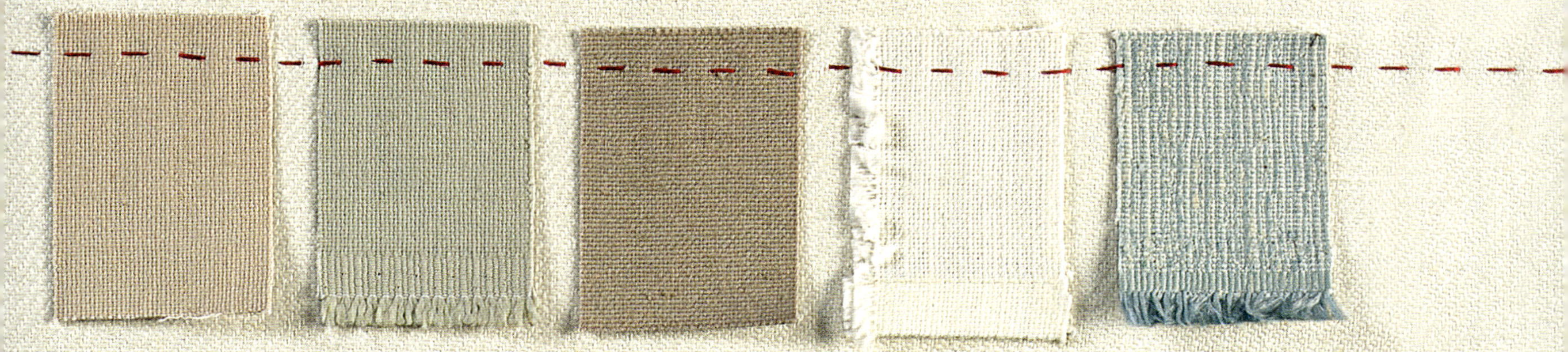

LAURA ASHLEY
0870 562 2116
www.lauraashley.com

THE LIGHTING AGENCY
(01252) 719192
www.lightingagency.co.uk

LONDON LIGHTING COMPANY
(020)7589 3612
www.londonlighting.co.uk

MARKS & SPENCER
0845 302 1234 or 0845 603 1603
www.marksandspencer.com

STIFFKEY LAMPSHOP
(01328) 830460
www.stiffkeylampshop.co.uk

FARBEN & LACKE

CROWN
(01254) 704951
www.crownpaint.co.uk

CROWN TRADE PAINTS
(01254) 704951
www.historic-colours.co.uk

FARROW & BALL
(01202) 876141
www.farrow-ball.com

FIRED EARTH
(01295) 812088; (01295) 814300
www.firedearth.com

FRANCESCA'S PAINTS
(020) 7228 7694
www.francescaspaint.com

INTERNATIONAL PAINTS
(01480) 484284
www.international-paints.co.uk

JOHN OLIVER
(020) 7221 6466
www.johnoliver.co.uk

LEYLAND PAINTS
(01924) 354000
www.leylanddsm.co.uk

THE LITTLE GREENE PAINT COMPANY
(0161) 230 0880
www.thelittlegreene.com.

PAINT & PAPER LIBRARY
(020) 7823 7755
www.paintlibrary.co.uk

PAPERS AND PAINTS
(020) 7352 8626;
colourman.com

RENDONA PAINTS
(01291) 620351
rendona.co.uk

ROSE OF JERICHO
(01935) 83676
www.rose-of-jericho.demon.co.uk

US

STOFFE & TAPETEN

THE CLAREMONT FURNISHING FABRICS CO. INC
212-486-1252
www.claremontfurnishing.com

FABRIC MART
Toll-Free: 800-242-3695
www.fabricmartfabrics.com

HOUSEFABRIC.COM
314-968-0090
www.housefabric.com

LEE JOFA INC.
516-752-7600
www.leejofa.com

SCALAMANDRÉ
631-467-8800
www.scalamandre.com

F & B SPECIALTY LINENS
Toll-Free: 800-268-2993
www.fblinen.com

FRENCH QUARTER LINENS
Toll-Free: 1-888-200-7498
www.eurolinens.com

GARNET HILL
Toll-Free: 1-888-842-9696
www.garnethill.com

THE LINEN PLACE
212-629-0300
Toll-Free: 1-866-629-0300
www.linenplace.com

TEXTILE SHOP
Toll-Free: 1-877-839-7467
www.textileshop.com

BRADBURY & BRADBURY ART WALLPAPER
707-746-1900
www.bradbury.com

CHESAPEAKE WALLCOVERINGS
301-249-7900
Toll-Free: 800-275-2037
www.cheswall.com

HARLEQUIN USA
678-303-9999
www.harlequin.uk.com

LAURA ASHLEY
www.laura-ashley.com

WAVERLY
Toll-Free: 800-275-2037
www.waverly.com

YORK WALLPAPER AND FABRICS
Toll-Free: 800-455-9913
www.yorkwall.com

BODENBELÄGE

AMTICO INTERNATIONAL INC.
404-267-1900
www.amtico.com

ARMSTRONG FLOORS
Toll-Free: 800-233-3823
www.armstrong.com

BRUCE HARDWOOD FLOORS
214-887-2000
Toll-Free: 800-722-4647
www.armstrong.com/resbrucew oodna/index

CARPET INNOVATIONS
212-966-9440
www.carpetinnovations.com

CROSSVILLE PORCELAIN STONE
931-484-2110
www.crossville-ceramics.com

MODERN RUGS
Toll-Free: 1-800-830-RUGS
www.modernrugs.com

PARIS CERAMICS
212-644-2782
www.parisceramics.com

BELEUCHTUNG

FABBY LIGHTING
323-939-1388
www.fabby.com

HINKLEY LIGHTING
216-671-3300
Toll-Free: 800-446-5539
www.hinkleylighting.com

LAMPSPLUS.COM
www.lampsplus.com

LIGHTING UNIVERSE
www.lightinguniverse.com

FARBEN & LACKE

CABOT STAINS
800-877-8246
Toll-free: 1-800-US-STAIN
www.cabotstain.com

OLD VILLAGE PAINTS
610-238-9001
www.old-village.com

PRATT & LAMBERT PAINTS
Toll-Free: 800-289-7728
www.prattandlambert.com

Register

IPC Media und der Herausgeber danken den folgenden Fotografen:
S. 1 Jake Curtis; S. 2 Tim Winter; S. 5 Simon Upton; S. 6 Niall McDiarmid; S. 9 Jake Curtis; S. 10 Pia Tryde; S. 12 Nicolas Bruant; S. 13 Jo Fairclough; S. 14 links Tim Young; S. 14 rechts Edina van der Wyck; S. 15 Paul Zammit/St John Pope; S. 16 Pia Tryde; S. 17 links David Palmer; S. 17 rechts James Merrell; S. 18 Niall McDirmid; S. 19 Harry Cory-Wright; S. 20 Polly Wreford; S. 21 links Polly Wreford; S. 21 rechts Pia Tryde; S. 22 Tom Leighton; S. 23 links Caroline Arber; S. 23 rechts Tom Leighton; S. 24 Jo Fairclough; S. 25 Simon Upton; S. 26 Catherine Gratwicke; S. 27 Christopher Drake; S. 28 Polly Wreford; S. 29 Tom Leighton; S. 30 Caroline Arber; S. 31 links und rechts Peter Campbell Saunders; S. 32–33 Paul Zammit; S. 33 rechts Andrew Wood; S. 34 links Brian Harrison; S. 34 rechts Catherine Gratwicke; S. 35 Jan Baldwin; S. 36 Claudia Dulak; S. 38 Jan Baldwin; S. 39 Jan Baldwin; S. 40 links Debi Treloar; S. 40 rechts Debi Treloar; S. 41 oben und unten Paul Zammit; S. 42 Andrew Wood; S. 43 Peter Campbell Saunders; S. 44 Paul Bowden; S. 45 Marc Broussard; S. 46–47 oben Claudia Dulak; S. 46–47 unten Tom Leighton; S. 48 Emma Lee; S. 50 Jan Baldwin; S. 51 Paul Massey/Living Etc; S. 52 oben Pia Tryde; S. 52 unten Kim Sayer; S. 53 Pia Tryde; S. 55 Caroline Arber; S. 57 Simon Brown; S. 58 links Debi Treloar; S. 58–59 Polly Wreford; S. 60 links Tim Young; S. 60 rechts Simon Upton; S. 62 Geoffrey Young; S. 63 Caroline Arber; S. 64 links Tom Leighton; S. 64 rechts John Mason; S. 65 Jan Baldwin; S. 66 Tim Winter; S. 67 links Craig Fordham; S. 67 rechts Jan Baldwin; S. 68 Peter Campbell Saunders; S. 70 Simon Whitmore; S. 71 Simon Whitmore; S. 72 links Andrew Wood; S. 72 rechts Simon Whitmore; S. 73 Tim Young; S. 74 Jo Fairclough; S. 75 links Polly Eltes; S. 75 rechts Hotze Eisma; S. 76 links Adrian Briscoe; S. 76 rechts Caroline Arber; S. 77 Tom Stewart; S. 78 Jan Baldwin; S. 79 James Merrell; S. 80 Jan Baldwin; S. 81 Andreas von Einsiedel; S. 82 Edina van der Wyck; S. 83 links und rechts Simon Bevan; S. 84 Peter Campbell Saunders; S. 86 Winfried Heinze; S. 87 links Jan Baldwin; S. 87 rechts Jan Baldwin; S. 88–89 Pia Tryde; S. 90 oben Niall McDiarmid; S. 90 unten Edina van der Wyck; S. 91 Caroline Arber; S. 92 Pia Tryde; S. 93 Paul Zammit; S. 94 Robin Mathews; S. 95 Christopher Beckett; S. 96 Debi Treloar; S. 97 links John Mason; S. 97 rechts Winfried Heinze/Living Etc; S. 98 Sandra Lane; S. 100 Tom Leighton; S. 101 David Montgomery; S. 102 links David Montgomery; S. 102 rechts Niall McDiarmid; S. 103 Polly Wreford; S. 104 oben Jake Curtis; S. 104 unten Andrew Wood; S. 105 Caroline Arber; S. 106 Caroline Arber; S. 107 Jake Curtis; S. 108 rechts Jo Tyler; S. 108–109 David Brittain; S. 110 Emma Lee; S. 112 Caroline Arber; S. 113 J P Masclet/Living Etc; S. 114 Andrew Wood; S. 115 links Polly Wreford; S. 115 rechts Paul Massey; S. 116–117 Tom Leighton; S. 117 rechts Edina van der Wyck; S. 118 links David Montgomery; S. 118–119 Caroline Arber; S. 120 oben Tim Young; S. 120 unten Polly Wreford; S. 121 Tim Young; S. 122–123 Polly Wreford; S. 126–127 oben Paul Zammit; S. 126–127 unten Caroline Arber; S. 127 oben rechts David Still; S. 127 unten rechts Paul Massey; S. 128 oben Andreas von Einsiedel; S. 128 unten Winfried Heinze; S. 130 –131 Paul Zammit; S. 132–133 Spike Powell; S. 133 rechts Debi Treloar; S. 134 Kim Sayer; S. 135 Alex Ramsay; S. 136–137 Catherine Gratwicke; S. 138 Jo Tyler; S. 138–139 Jan Baldwin; S. 140 Elizabeth Zechin; S. 141 Jan Baldwin; S. 142–143 Polly Wreford; S. 144–145 Tim Young; S. 146 oben Jan Baldwin; S. 146 unten Caroline Arber; S. 147 oben Polly Wreford; S. 147 unten Tom Leighton; S. 148–149 Tom Leighton; S. 149 rechts Simon Upton; S. 150–151 Christopher Drake; S. 152–153 Tom Leighton; S. 154 Jake Fitzjones/Living Etc; S. 155 oben Andrew Wood; S. 155 unten David Garcia; S. 156–157 Niall McDiarmid; S. 158–159 Christopher Drake; S. 160 Christopher Drake; S. 161 oben Jan Baldwin; S. 161 unten Winfried Heinze; S. 162–163 Paul Massey; S. 164 Emma Lee; S. 167 Claudia Dulak; S. 169 Emma Lee; S. 171 Edina van der Wyck; S. 173 Peter Campbell Saunders; S. 175 Tham Nhu Tran; S. 177 Alun Callender; S. 178 Tim Young; S. 181 Polly Eltes; S. 182 Jan Baldwin; S. 185 Peter Campbell Saunders; S. 187 Paul Bowden; S. 188–189 Jake Curtis; S. 190–191 Peter Campbell Saunders; S. 192 Peter Campbell Saunders.

Der Verlag dankt den folgenden Agenturen und Institutionen für die freundliche Genehmigung zur Verwendung der Abbildungen S. 54 Crown Paints; S. 56 Romo Fabrics; S. 61 Andreas von Einsiedel; S. 124–125 Plain English; S. 129 Plain English.